Oscar Wilde
(1854-1900)

Oscar Fingal O'Flahertie Wills Wilde nasceu em 1854, em Dublin, filho do cirurgião Sir William Wilde e da escritora conhecida como Speranza. Wilde estudou no Trinity College, em Dublin, e no Magdalen College, em Oxford, e era um aluno brilhante, chegando a ganhar o prêmio Newdigate por seu poema "Ravenna". Enquanto estava em Oxford, a aparência extravagante e a ardente devoção ao esteticismo (ou dandismo) chamou a atenção das pessoas, em grande parte hostis ao seu comportamento. Porém, com seu talento e instinto publicitário, Wilde logo se tornou um nome conhecido no meio literário. Em 1881, publicou *Poems* e, após casar com Constance Lloyd em 1884, publicou alguns volumes de histórias para crianças, originalmente escritas para os próprios filhos. É de 1891 seu único romance, *O retrato de Dorian Gray*. Wilde desfrutou grande sucesso nos palcos com suas inteligentes e brilhantes comédias: *O leque de Lady Windermere* (1892), *A Woman of No Importance* (1893), *Um marido ideal* (1895) e *A importância de ser prudente* (1895). Sua última peça, *Salomé*, escrita em francês, de início foi censurada em Londres. Posteriormente foi adaptada como uma ópera por Richard Strauss e traduzida para o inglês por Lord Alfred Douglas, conhecido como "Bosie", provável amante do autor. O pai de Douglas, o Marquês de Queensberry, que desaprovava fortemente o relacionamento, acusou o notório dramaturgo por suas preferências sexuais. A trágica polêmica levou Wilde para a prisão. Durante o cárcere, escreveu uma carta repleta de ressentimento para Lord Douglas, publicada em 1905 como *De Profundis*. No seu lançamento, em 1897, Wilde estava financeira e emocionalmente arrasado. Nessa época, adotou o nome de Sebastian Melmoth e foi morar na França, onde escreveu seu mais famoso *la do cárcere de Reading*)00.

Livros do autor na Coleção **L&PM** POCKET

A alma do homem sob o socialismo
De Profundis e outros escritos do cárcere
O fantasma de Canterville e outras histórias
A importância de ser prudente
O retrato de Dorian Gray

OSCAR WILDE

A ALMA DO HOMEM SOB O SOCIALISMO

Tradução de HEITOR FERREIRA DA COSTA

www.lpm.com.br

Coleção **L&PM** POCKET, vol. 312

Texto de acordo com a nova ortografia

Título original: *The Soul of Man Under Socialism*

Edição publicada originalmente pela L&PM Editores em 1983, na Coleção Biblioteca Anarquista.
Primeira edição na Coleção **L&PM** POCKET: fevereiro de 2003
Esta reimpressão: outubro de 2020

Capa: Ivan Pinheiro Machado sobre foto de Oscar Wilde
Tradução: Heitor Ferreira da Costa
Revisão: Márcia Camargo e Renato Deitos

ISBN 978-85-254-1246-1

W672a

Wilde, Oscar, 1854-1900. pseud.
   A alma do homem sob o socialismo / Oscar Fingal O'Flahertie Wills; tradução de Heitor Ferreira da Costa – Porto Alegre: L&PM, 2020.
   96p. ; 18 cm – (Coleção L&PM POCKET; v. 312)

   1. Ficção inglesa-ensaios. 2.Wilde, Oscar Fingal O'Flahertie Wills, 1854-1900. I.Título. II.Série.

                                      CDD: 824
                                      CDU: 820-4

Catalogação elaborada por Izabel A. Merlo, CRB 10/329.

© da tradução, L&PM Editores, 2003

Todos os direitos desta edição reservados a L&PM Editores
Rua Comendador Coruja 314, loja 9 – Floresta – 90.220-180
Porto Alegre – RS – Brasil / Fone: 51.3225.5777

Pedidos & Depto. Comercial: vendas@lpm.com.br
Fale conosco: info@lpm.com.br
www.lpm.com.br

Impresso no Brasil
Primavera de 2020

Sumário

Introdução / 7

A alma do homem sob o socialismo / 13

Cronologia / 84

Introdução

De todos os dândis que encantavam a sofisticada sociedade londrina do final do século XIX, o mais afetado, brilhante e luminoso era Oscar Fingal O'Flahertie Wills Wilde. Em 1895, Wilde parecia ter alcançado o sucesso de público e crítica que há tantos anos buscava. Recém publicara uma edição revisada e aumentada de sua sensacional novela *O retrato de Dorian Gray*, e três peças suas – *O leque de Lady Windermere*, *Um marido ideal* e *A importância de ser prudente* – lotavam teatros do West End de Londres. Ninguém suspeitaria que este irlandês célebre, de olhar cândido, mãos suaves e língua ferina, em poucos meses rolaria do cume da glória à sordidez úmida e humilhante do calabouço.

Naquele mesmo ano de 1895, acusado de crimes de natureza sexual, Oscar Wilde desafiou a poderosa elite britânica julgando-se senhor da situação e do momento. Foi derrotado. Processado pela família do jovem aristocrata Alfred Douglas, por quem se apaixonara e com quem compartilhava um excêntrico estilo de vida, o grande escritor acabou condenado a dois anos de prisão com trabalhos forçados. Como fruto de seu encarceramento, veio ao mundo *De Profundis* (editado na Coleção **L&PM** POCKET), uma espécie de autobiografia concebida sob condições extraordinárias, em isolamento extremo, depois de um longo período longe da liberdade, dos amigos e dos livros, e que também pode ser lido como uma desiludida carta de amor. Neste texto, o escritor amplia sua visão do homem graças a um componente por ele ignorado nos trabalhos anteriores: a experiência do sofrimento. Wilde admite que, até então, sua vida era limitada pela recusa de encarar a dor.

Poucos escritores foram objeto de tantas biografias: a vida de Oscar Wilde sempre chamou mais atenção do que seus livros. Seu trabalho, no entanto, vem ganhando mais leitores a cada ano, levando críticos modernos a novas apreciações e à redescoberta de uma obra tão apreciada em sua época por contemporâneos como Shaw e Yeats. Gradualmente, Dorian Gray e as comédias passaram a receber mais atenção, mesmo que seus textos críticos ainda sejam objeto de poucas análises. Todos conhecem os irresistíveis epigramas e paradoxos de Wilde. Suas frases ("Aquele que diz a verdade cedo ou tarde será descoberto"; "Nenhum artista deseja provar coisa alguma. Mesmo as verdades podem ser provadas"; "Arte é a única coisa séria no mundo. E o artista é a única pessoa que nunca é séria"; "Vivo no terror de não ser incompreendido", entre tantas outras) salientam a importância de não ser prudente. No entanto, a impressão de frivolidade, irreverência e descomprometimento que se tem de Wilde mascara o fato de que ele levava muitas coisas a sério, principalmente a arte.

Oscar Wilde, além da arte, tinha posições bem definidas sobre outros assuntos, não somente quando escreveu na prisão e depois de ter cumprido sua pena, mas igualmente no auge de sua carreira literária, quando publicou, em *The Fortnightly Review*, *A alma do homem sob o socialismo* (que ele mais tarde abreviou para *A alma do homem*). Neste ensaio não faltam epigramas e frases usadas com o mesmo efeito que em suas mais divertidas comédias ("A desobediência é, aos olhos de qualquer estudioso de História, a virtude original do homem"; "A caridade cria uma legião de pecados"; "Egoísmo não significa viver como se deseja, mas sim pedir aos outros que vivam como se deseja"; "Os Lordes temporais nada dizem, os Lordes espirituais nada têm a dizer, e a Câmara dos Comuns nada tem a dizer e o diz"; "Em séculos passados, o público expunha as orelhas dos jornalistas no pelourinho. O que era horrível. Neste século, os jornalistas ficam de orelha em pé atrás das portas. O que é ainda pior."), mas *A alma do homem* é o único trabalho anterior ao seu aprisionamento que mostra interesse tanto por questões como liberdade, autoridade, individualismo e política quanto pela arte. Ao ser publicado pela primeira vez, este ensaio também contribuiu para um debate animado que acontecia nos periódicos da época, onde questões políticas sobre individualismo, socialismo, anarquismo, pobreza, filantropia e as limitações da liberdade eram amplamente discutidas.

Assim como *De Profundis* (obra com a qual muito tem em comum), *A alma do homem sob o socialismo* demonstra um grande interesse pela ideia de tornar-se e permanecer livre das convenções, de ganhar consciência de sua própria natureza e de negar-se a comprometê-la em nome de outros interesses. Em *A alma do homem* existe uma vigorosa tentativa de sustentar que cada indivíduo – não só o homem excepcional, o artista – pode achar e expressar a si próprio. Trata-se de um libelo em favor da liberdade de expressão do homem comum na verve do mais ferino dos dândis.

Posteriormente, ao sair da prisão, depois de servir dois anos de uma pena extremamente dura, com trabalhos forçados e confinamento solitário e silencioso, Wilde ainda escreveu duas cartas ao jornal *Daily Chronicle*, unindo-se ao debate sobre as reformas penitenciárias. Foram seus últimos trabalhos em prosa. O poema *Balada do cárcere de Reading*, sua última obra, também foi escrito logo ao sair da prisão, motivado pela execução de um prisioneiro enquanto Wilde ainda estava encarcerado.

Os Editores

A ALMA DO HOMEM SOB O SOCIALISMO

A vantagem principal da consolidação do Socialismo está, sem dúvida, no fato de que ele poderia nos livrar dessa imposição sórdida de viver para outrem, que nas condições atuais pesa de forma implacável sobre quase todos. Com efeito, dificilmente alguém consegue escapar.

De quando em vez, no decorrer do século, um grande cientista como Darwin; um grande poeta como Keats; um aguçado espírito crítico como M. Renan; um artista supremo como Flaubert pode isolar-se, manter-se ao largo do clamor das exigências alheias, pôr-se "ao abrigo do muro", no dizer de Platão, e assim elevar à perfeição o que está nele, para o bem inestimável de si mesmo, e para o bem inestimável e definitivo da humanidade. Estes, porém, são exceções.

A maioria dos homens arruínam suas vidas por força de um altruísmo doentio e extremado – são forçados, deveras, a arruiná-las. Acham-se cercados dos horrores da pobreza, dos horrores da fealdade, dos horrores da fome. É inevitável que se sintam fortemente tocados por tudo isso. As emoções do homem são despertadas mais rapidamente que sua inteligência; e, como ressaltei há algum tempo em um ensaio sobre a função da crítica, é bem mais fácil sensibilizar-se com a dor do que com a ideia. Consequentemente, com intenções louváveis embora mal aplicadas, atiram-se, graves e compassivos, à tarefa de remediar os males que veem. Mas seus remédios não curam a doença: só fazem prolongá-la. De fato, seus remédios são parte da doença.

Buscam solucionar o problema da pobreza, por exemplo, mantendo vivo o pobre; ou, segundo uma teoria mais avançada, entretendo o pobre.

Mas isto não é uma solução: é um agravamento da dificuldade. A meta adequada é esforçar-se por reconstruir a sociedade em bases tais que nela seja impossível a pobreza. E as virtudes altruístas têm na realidade impedido de alcançar essa meta. Os piores senhores eram os que se mostravam mais bondosos para com seus escravos, pois assim impediam que o horror do sistema fosse percebido pelos que o sofriam, e compreendido pelos que o contemplavam. Da mesma forma, nas atuais circunstâncias na Inglaterra, os que mais dano causam são os que mais procuram fazer o bem. Por fim presenciamos o espetáculo de homens que estudaram realmente o problema e conhecem a vida – homens cultos do East End – virem a público implorar à comunidade que refreie seus impulsos altruístas de caridade, benevolência e coisas desta sorte. Fazem-no com base em que essa caridade degrada e desmoraliza. No que estão perfeitamente certos. A caridade cria uma legião de pecados.

E há mais: é imoral o uso da propriedade privada com o fim de mitigar os males horríveis decorrentes da instituição da propriedade privada. É tão imoral quanto injusto.

Com o Socialismo, tudo isso naturalmente será mudado. Não haverá pessoas enfiadas em antros e em trapos imundos, criando filhos doentes e oprimidos pela fome, em ambientes insuportáveis e repulsivos ao extremo. A segurança da sociedade não dependerá, como hoje, das condições climáticas. Se cair uma geada, não teremos uma centena de milhares de homens desempregados, vagando pelas ruas em estado repugnante de miséria, implorando esmolas ao próximo, ou apinhando-se às portas de albergues abomináveis para garantir um pedaço de pão e a pousada suja por uma noite. Cada cidadão irá compartilhar da prosperidade e felicidade geral da sociedade; e, se vier uma geada, ninguém será prejudicado.

Por outro lado, o Socialismo em si terá significado simplesmente porque conduzirá ao Individualismo.

Socialismo, Comunismo, ou que nome se lhe dê, ao transformar a propriedade privada em bem público, e ao substituir a competição pela cooperação, há de restituir à sociedade sua condição própria de organismo inteiramente sadio, e há de assegurar o bem-estar material de cada um de seus membros. Devolverá, de fato, à Vida, sua base e seu meio naturais.

Mas, para que a Vida se desenvolva plenamente no seu mais alto grau de perfeição, algo mais se faz necessário. O que se faz necessário é o Individualismo. Se o Socialismo for Autoritário; se houver governos armados de poder econômico como estão agora armados de poder político; se, numa palavra, houver Tiranias Industriais, então o derradeiro estado do homem será ainda pior que o primeiro.

Atualmente, em virtude da existência da propriedade privada, muitos têm condições de desenvolver um certo grau bastante limitado de Individualismo. Ou estão desobrigados da necessidade de trabalhar para sustento próprio, ou em condições de escolher a esfera de atividade que seja realmente compatível com sua índole e lhes dê satisfação. Estes são os poetas, os filósofos, os homens da ciência, os homens da cultura – numa palavra, os verdadeiros homens, os que fizeram verdadeira sua individualidade, e nos quais todo o Humano alcança uma parcela dessa verdade. Por outro lado, há muitos que, por não possuírem qualquer propriedade privada, e por estarem sempre à beira da inanição completa, são compelidos a fazer o trabalho de bestas de carga, a fazer um trabalho totalmente incompatível com sua índole, ao qual são forçados pelo compulsório, absurdo e degradante jugo da privação. Estes são os pobres, e entre eles não há elegância nas maneiras nem encanto no discurso, civilização, cultura, refinamento nos prazeres, ou alegria de viver. Da força coletiva deles, a Humanidade ganha muito em prosperidade material. Mas o que ela ganha é apenas o produto material, e o homem pobre não tem em si mesmo nenhuma importância. É apenas o átomo infinitesimal de uma força que, longe de tê-lo em consideração, esmaga-o. Na verdade prefere-o esmagado, de vez que nesse caso ele é bem mais obediente.

Naturalmente, poder-se-ia dizer que o Individualismo que se desenvolve sujeito às condições da propriedade privada nem sempre, ou sequer em regra, é de espécie refinada ou admirável, e que os pobres, se não têm cultura e atrativos, guardam no entanto muitas virtudes. Ambas as declarações seriam bastante verdadeiras. A posse da propriedade privada é amiúde desmoralizante ao extremo, e esta é, evidentemente, uma das razões por que o Socialismo quer se ver livre dessa instituição. De fato, a propriedade é um estorvo. Alguns anos atrás, saiu-se pelo país dizendo que a propriedade tem obrigações. Disseram-no tantas vezes e tão fastidiosamente que, por fim, a Igreja começou a repeti-lo. Falam-no agora em cada púlpito. É a pura verdade. A propriedade não apenas tem obrigações, mas tantas que sua posse em grandes dimensões torna-se um fardo. Exige dedicação sem fim aos negócios, um sem-fim de deveres e aborrecimentos. Se a propriedade proporcionasse somente prazeres, poderíamos suportá-la, mas suas obrigações a tornam intolerável. Para bem dos ricos, devemos nos ver livres dela. Algumas virtudes dos pobres são prontamente aceitas, e há muitas a lamentar. Frequentemente ouvimos dizer que os pobres são gratos pela caridade. Decerto alguns são gratos, mas nunca os melhores dentre eles. São ingratos, insatisfeitos, desobedientes e rebeldes. Têm toda razão em o serem. Para eles, a caridade é uma forma ridícula e inadequada de restituição parcial, ou esmola piedosa, em geral acompanhada de alguma tentativa por parte da alma apiedada de tiranizar suas vidas. Por que deveriam ser gratos pelas migalhas que caem da mesa do homem rico? Deveriam é estar sentados a ela, e já começam a se dar conta disso. Quanto à insatisfação, aquele que não se sentisse insatisfeito com essa condição inferior de vida seria um perfeito estúpido. A desobediência é, aos olhos de qualquer estudioso de História, a virtude original do homem. É através da desobediência que se faz o progresso, através da desobediência e da rebelião. Às vezes elogiam-se os pobres por serem parcimoniosos. Mas recomendar-lhes parcimônia é tão grotesco quanto insultuoso. É como aconselhar a um homem que esteja passando fome que coma menos. Que um trabalhador do campo ou da cidade usasse de parcimônia, seria absolutamente imoral. Um homem não deveria estar pronto a mostrar-se capaz de viver como um animal mal-alimentado. Deveria recusar-se a viver assim, e deveria ou roubar ou viver às expensas do Estado, o que muitos consideram uma forma de roubo. Quanto a pedir esmolas, é mais seguro pedir do que tomar, mas é bem mais digno tomar do que pedir. Não: um homem pobre que seja ingrato, perdulário, insatisfeito e rebelde possui decerto uma personalidade plena e verdadeira. Constitui, de qualquer forma, um protesto sadio. Quanto aos pobres virtuosos, é natural que deles se tenha piedade, mas não admiração. Fizeram um acordo secreto com o inimigo e venderam seus direitos inatos em troca de um péssimo prato de comida. Devem também ser muito tolos. Posso compreender que um homem aceite as leis que protegem a propriedade privada e admita sua acumulação, desde que nessas circunstâncias ele próprio seja capaz de atingir alguma forma de existência harmoniosa e intelectual. Parece-me, porém, quase inacreditável que um homem cuja existência se perdeu e abrutalhou por força dessas mesmas leis possa vir a concordar com sua vigência.

Mas não é muito difícil encontrar a explicação disso. Está simplesmente no fato de que as desgraças da pobreza são degradantes ao extremo e exercem de tal forma um efeito paralisador sobre a natureza humana que classe alguma tem consciência de seu próprio sofrimento. A outros cabe dar-lhes essa consciência, no que são quase sempre desacreditados. É a pura verdade o que os empregadores de mão de obra criticam nos agitadores. Estes são um grupo de pessoas que se infiltra e interfere em uma determinada classe social que se encontre perfeitamente satisfeita, para nela lançar as sementes da insatisfação. Eis a razão por que os agitadores são tão necessários. Sem eles, em nosso Estado imperfeito, não haveria nenhum avanço rumo à civilização. Nos Estados Unidos, a escravidão não foi abolida em consequência de alguma ação por parte dos escravos ou mesmo de sua vontade explícita de que deveriam ser livres. Foi abolida graças apenas à conduta completamente ilegal de alguns agitadores em Boston e em outras partes do país, os quais não eram escravos ou donos de escravos, nem tinham nada a ver realmente com a questão. Foram, sem dúvida, os abolicionistas que acenderam a chama, que deram início a tudo. E é curioso observar que dos próprios escravos partiu não só uma ajuda pouco significativa como quase nenhuma solidariedade. Quando no fim da guerra os escravos se viram livres – viram-se, com efeito, tão livres que estavam livres até para passar fome –, muitos deles lamentaram amargamente o novo estado de coisas. Para o pensador, o fato mais trágico em toda a Revolução Francesa não é que Maria Antonieta tenha sido morta por ser uma rainha, mas que o camponês do Vendée tenha partido voluntariamente para morrer pela hedionda causa do feudalismo.

Fica claro, então, que nenhum Socialismo Autoritário servirá. Pois enquanto no sistema atual muitos podem levar a vida com certo grau de liberdade, direito de expressão e felicidade, num sistema de aquartelamento industrial, ou num sistema de tirania industrial, absolutamente ninguém poderá desfrutar de uma liberdade dessa natureza. É lamentável que parte de nossa comunidade social viva praticamente escravizada, mas é ingenuidade propor-se resolver o problema submetendo toda a comunidade à escravidão. Todo homem tem o direito de ser inteiramente livre para escolher seu próprio trabalho. Não deve sofrer nenhuma forma de coação. Se alguma houver, seu trabalho não será bom para ele, nem em si mesmo, nem para os outros. E por trabalho entendo simplesmente atividade de qualquer espécie.

Penso que dificilmente algum socialista, nos dias de hoje, levaria a sério a proposta de que um inspetor devesse bater, todas as manhãs, de casa em casa, para ver se cada cidadão levantou-se e cumpriu sua jornada de oito horas de trabalho braçal. A Humanidade ultrapassou esse estágio, reservando essa forma de vida àqueles que convencionou arbitrariamente chamar de criminosos. Mas confesso que muitos dos pontos de vista socialistas com que tenho deparado parecem-me contaminados por ideias de autoridade, se não de verdadeira coação. Evidentemente, tanto uma como outra são inadmissíveis. É necessário que toda associação seja voluntária, pois somente numa associação voluntária o homem é justo.

Pode-se perguntar como a supressão da propriedade privada poderá beneficiar o Individualismo, cujo desenvolvimento depende hoje em certa medida da existência dessa mesma propriedade privada. A resposta é muito simples. É verdade que, nas condições atuais, uns poucos homens que dispunham de recursos próprios, como Byron, Shelley, Browning, Victor Hugo, Baudelaire e outros, conseguiram dar expressão à sua individualidade de forma mais ou menos completa. Nenhum desses homens trabalhou um só dia como assalariado. Estavam livres da pobreza, e esta foi sua grande vantagem. A questão é saber se, no interesse do Individualismo, essa vantagem deva ser eliminada. Suponhamos que ela o seja. Que acontecerá então ao Individualismo? Como ele se beneficiará?

Ele se beneficiará da seguinte forma: sob as novas condições, o Individualismo será bem mais livre, justo e fortalecido do que é hoje. Não me refiro ao Individualismo elevado, concebido na imaginação desses poetas que mencionei, mas ao elevado e verdadeiro Individualismo, virtual e latente em toda humanidade. A admissão da propriedade privada, de fato, prejudicou o Individualismo e o obscureceu ao confundir um homem com o que ele possui. Desvirtuou por inteiro o Individualismo. Fez do lucro, e não do aperfeiçoamento, o seu objetivo. De modo que o homem passou a achar que o importante era ter, e não viu que o importante era ser. A verdadeira perfeição do homem reside não no que o homem tem, mas no que o homem é. A propriedade privada esmagou o verdadeiro Individualismo e criou um Individualismo falso. Impediu que uma parcela da comunidade social se individualizasse, fazendo-a passar fome. E também à outra, desviando-a do rumo certo e interpondo-lhe obstáculos no caminho. De fato, a personalidade do homem foi tão completamente absorvida por suas posses que a justiça inglesa sempre tratou com um rigor muito maior as transgressões contra a propriedade do que as transgressões contra a pessoa, e a propriedade ainda é a garantia da cidadania plena. Os meios indispensáveis à obtenção de dinheiro são também muito aviltantes. Numa sociedade como a nossa, em que a propriedade confere distinção, posição social, honra, respeito, títulos e outras coisas agradáveis da mesma ordem, o homem, por natureza ambicioso, fez do acúmulo dessa propriedade seu objetivo, e perseguirá sempre esse acúmulo, exaustivo e tedioso, ainda que venha a obter bem mais do que precise, possa usar ou desfrutar, ou mesmo que chegue até a ignorar quanto possui. O homem irá se matar por excesso de trabalho com o fim de garantir a propriedade, o que não é de surpreender, diante das enormes vantagens que ela oferece. É de lamentar que a sociedade, construída nessas bases, force o homem a uma rotina que o impede de desenvolver livremente o que nele há de maravilhoso, fascinante e agradável – rotina em que, de fato, perde o prazer verdadeiro e a alegria de viver. Nas atuais condições, o homem se sente também muito inseguro. É possível que um comerciante riquíssimo se encontre – e em geral se encontra – a todo instante da vida à mercê de coisas que lhe escapam ao controle. Quando o vento sopra um nó a mais, ou o tempo muda de repente, ou ocorre algum fato insignificante, poderá ver o navio ir a pique, enganar-se nas especulações e se descobrir em meio à pobreza – a posição social por água abaixo. Nada poderia prejudicar um homem a não ser ele próprio. Nada poderia lesá-lo. O que um homem realmente tem, é o que está nele. O que está fora dele deveria ser coisa sem importância.

Abolida a propriedade privada, haveremos de ter o Individualismo verdadeiro, harmonioso e forte. Ninguém desperdiçará a vida acumulando coisas ou à cata de símbolos para elas. Haverá vida. Viver é o que há de mais raro neste mundo. Muitos existem, e é só.

É de se perguntar se já vimos alguma vez a expressão plena de uma personalidade, a não ser no plano imaginário da arte. Na prática, nunca. César, segundo Mommsen, foi o homem completo e perfeito. Mas como César era tragicamente inseguro! Onde há um homem que exerça autoridade, há sempre um outro homem que combate a autoridade. César foi perfeito, mas sua perfeição seguiu por trilhas muito perigosas. Marco Aurélio foi o homem perfeito, diz Renan. Sim, um homem perfeito, o grande imperador. Mas como eram insuportáveis as responsabilidades que caíam sem trégua sobre ele! Vacilava sob o fardo do império, cônscio de que um só homem não podia arcar com o peso daquela orbe titânica e vastíssima. Entendo por perfeito o homem que se desenvolve em condições perfeitas; aquele que não está ferido, mutilado, preocupado ou em perigo. A personalidade quase sempre se vê forçada a rebelar-se. Gasta metade de suas forças em conflitos: a personalidade de Byron, para dar um exemplo, perdeu-se terrivelmente na luta contra a estupidez, a hipocrisia e o provincianismo dos ingleses. Nem sempre essas lutas redobram as forças da personalidade, em geral fazem aumentar-lhe a fraqueza. Byron nunca pôde nos dar o quanto seria capaz. Shelley safou-se melhor. Como Byron, também deixou a Inglaterra o quanto antes. Mas não era tão conhecido. Se os ingleses tivessem compreendido o grande poeta que era, teriam caído sobre ele de unhas e dentes, e lhe tornado a vida tão desagradável quanto pudessem. Mas ele não era uma figura de destaque na sociedade; por isso conseguiu preservar-se, até certo ponto. Todavia, até mesmo em Shelley, a marca da rebelião é por vezes muito forte. A marca da personalidade perfeita não é a rebelião mas a paz.

Será algo de maravilhoso quando vislumbrarmos a verdadeira personalidade do homem. Crescerá naturalmente, simplesmente, à maneira das flores ou das árvores. Nunca se porá em discórdia, nem entrará em discussões ou contendas. Nada terá de provar. Conhecerá tudo. E no entanto não se ocupará do conhecimento. Será sábia. Bens materiais não medirão seu valor. Não haverá de ter coisa alguma. E terá no entanto todas as coisas; tão rica, o que dela venha a se tirar, ela ainda o haverá de ter. Não estará sempre se intrometendo com os demais, ou pedindo-lhes para serem iguais a si própria. Ela os amará por serem diferentes. E embora não vá se intrometer com os demais, ajudará a todos, como algo de belo nos ajuda por ser o que é. A personalidade do homem será deslumbrante. Será tão deslumbrante quanto a personalidade de uma criança.

Em seu desenvolvimento terá o amparo da Cristandade, se os homens assim o desejarem, mas se os homens não o desejarem, nem por isso ela se desenvolverá menos. Pois que não se ocupará do passado, nem se importará se as coisas aconteceram ou deixaram de acontecer. Tampouco admitirá quaisquer leis, além de suas próprias leis; ou qualquer autoridade além de sua própria autoridade. Amará, no entanto, os que procuraram fortalecê-la, e deles falará com frequência. E um desses foi Cristo.

"Conhece-te a ti mesmo", estava escrito às portas do mundo antigo; "Sê tu mesmo", deverá estar escrito às portas do mundo novo. E a mensagem de Cristo ao homem era simplesmente "Sê tu mesmo". Eis o segredo de Cristo.

Quando Jesus fala do pobre, está se referindo apenas à sua personalidade, exatamente como, ao falar do rico, está se referindo apenas àquele que não desenvolveu sua personalidade.

Jesus convivia numa comunidade em que se permitia a acumulação da propriedade privada, exatamente como hoje se permite na nossa. E sua doutrina não pregava que naquela comunidade um homem teria algo a ganhar se sua comida fosse insalubre e escassa, suas vestes insalubres e esfarrapadas, sua morada insalubre e horrenda; ou que teria algo a perder se vivesse em condições salubres, agradáveis e dignas. Essa visão teria sido errada numa comunidade daquela época, como seria, é claro, ainda mais errada na Inglaterra de hoje; pois, à medida que o homem avança para o norte, mais as necessidades materiais da vida adquirem importância vital, e nossa sociedade é infinitamente mais complexa e apresenta contrastes bem maiores de luxo e miséria do que qualquer sociedade do mundo antigo. Era esta a mensagem de Jesus ao homem: "Você tem uma personalidade admirável. Desenvolva-a. Seja você mesmo. Não imagine que sua perfeição esteja em acumular ou possuir bens exteriores. Sua afeição está em você mesmo. Se você ao menos se apercebesse disso, não desejaria ser rico. Um homem pode ser roubado em suas riquezas comuns, mas não em suas riquezas sublimes. No tesouro de sua alma, há bens infinitamente preciosos que ninguém lhe pode tomar. Assim, procure moldar sua vida de forma que os bens exteriores não possam prejudicá-lo. E procure também livrar-se da propriedade privada. Ela acarreta preocupações mesquinhas, zelo incessante, erros seguidos. A propriedade privada estorva o Individualismo a cada passo". Lembremos que Jesus nunca disse que os pobres são necessariamente bons e os ricos necessariamente maus. Isto não teria sido a verdade. Os ricos são, enquanto classe, melhores que os pobres, mais virtuosos, intelectuais e corteses. Na sociedade, há apenas uma classe que pensa mais em dinheiro do que os ricos, e é a dos pobres. Estes não podem pensar em mais nada. Aí está o infortúnio de ser pobre. O que Jesus diz é que o homem não alcança a perfeição através do que tem ou mesmo do que faz, mas tão somente através do que ele é. E assim o jovem rico que vem até Jesus aparece como um cidadão honrado, que não violou nenhuma das leis de seu Estado, nenhum dos mandamentos de sua religião. Ele é muito respeitável, no sentido comum dessa palavra incomum. Jesus lhe diz: "Você deveria abrir mão da propriedade privada. Ela o afasta da perfeição. Estorva-lhe o passo. É um fardo. Sua personalidade prescinde dela. É dentro, e não fora de si mesmo, que você irá descobrir o que realmente é, e o que realmente quer". O jovem diz o mesmo aos seus amigos: que eles sejam eles mesmos e não se deixem sempre atormentar por outras coisas. Que importam as outras coisas? O homem é completo em si mesmo. Quando saírem para o mundo, o mundo discordará deles. Isto é inevitável. O mundo odeia o Individualismo. Mas isso não os deve abalar. Devem ficar tranquilos e concentrados em si mesmos. Se lhes tomarem o manto, deverão dar o casaco, apenas para mostrar que as coisas materiais não têm importância. Se ofendidos, não deverão retrucar. Qual o significado disto? O que se diz de um homem não muda um homem. Ele é o que é. A opinião pública não tem valor algum. Se usarem de violência contra eles, não deverão por sua vez ser violentos. Isto seria cair no mesmo plano inferior. Afinal, mesmo na prisão, um homem pode ser livre. Sua alma pode estar livre, sua personalidade pode estar tranquila e ele pode estar em paz. E, sobretudo, não devem interferir nos outros ou julgá-los de modo algum. A personalidade é coisa muito misteriosa. Não se pode medir um homem pelo que ele faz. Um homem pode seguir a lei, e no entanto ser desprezível. Pode violar a lei, e no entanto ser justo. Pode ser mau, sem nunca ter feito nada de mau. Pode cometer um pecado contra a sociedade, e no entanto alcançar por meio desse pecado a verdadeira perfeição.

Houve uma mulher que foi apanhada em adultério. Nada sabemos da história de seu amor, mas esse amor deve ter sido muito forte; pois Jesus disse que seus pecados lhe foram perdoados, não porque ela se arrependera, mas porque seu amor foi tão intenso e maravilhoso. Mais tarde, pouco antes de sua morte, quando Jesus se sentou à mesa de um festim, a mulher veio e Lhe deitou perfumes caros nos cabelos. Seus amigos tentaram detê-la, e disseram que aquilo era uma extravagância e que o dinheiro que custara o perfume deveria ter sido destinado a ajudar os necessitados, ou algo desta sorte. Jesus não aceitou o seu modo de ver. Lembrou que as necessidades materiais do Homem eram grandes e inalteráveis, mas que as necessidades espirituais do Homem eram ainda maiores, e que num momento sublime, escolhido seu próprio modo de expressão, uma personalidade poderia tornar-se perfeita. O mundo venera aquela mulher, até hoje, como santa.

Sim, há aspectos muito sugestivos no Individualismo. Por exemplo, o Socialismo anula a vida familiar. Extinta a propriedade privada, o casamento em sua forma atual deverá desaparecer. Faz parte do programa. O Individualismo aceita este fato e o aprimora. Converte o fim dessa imposição legal em uma forma de liberdade que concorrerá para desenvolver plenamente a personalidade e tornar o amor do homem e da mulher mais belo, digno e harmonioso. Jesus sabia disso. Recusava os direitos da vida familiar, embora existissem em seu tempo e em sua comunidade de forma acentuada. "Quem é minha mãe? Quem são meus irmãos?", perguntou ao saber que desejavam falar-lhe. Quando um de seus discípulos pediu permissão para ir sepultar o pai, "Que os mortos sepultem os mortos" foi sua terrível resposta. Ele não permitiria que se fizesse exigência alguma à individualidade.

Assim, aquele que se aproxima de Cristo é aquele que não é outro senão ele mesmo, perfeita e integralmente. Pode ser um grande poeta ou um grande cientista, um jovem estudante em uma universidade ou um guardador de rebanhos; um dramaturgo, como Shakespeare, ou um pensador que investiga a natureza de Deus, como Spinoza; uma criança que brinca no jardim ou um pescador que lança sua rede ao mar. Não importa o que ele seja, desde que eleve à perfeição a alma que está nele. É um erro imitar uma conduta ou uma vida. Pelas ruas da Jerusalém de hoje, arrasta-se um louco com uma cruz de madeira no ombro. Ele é um símbolo das vidas que a imitação desfigurou. Frei Damião aproximou-se de Cristo quando partiu para viver com os leprosos, porque nessa missão elevou à perfeição o que nele havia de bom. Mas não se aproximou mais de Cristo do que Wagner ou Shelley, que o fizeram através da música e dos versos. Não há só um único exemplo para o homem. Há tantas formas de perfeição quanto existem homens imperfeitos. Um homem pode ceder às exigências da caridade e ainda assim ser livre, mas não permanece livre aquele que cede às exigências da conformação.

É, portanto, por meio do Socialismo, que atingiremos o Individualismo. Como uma consequência natural, o Estado deve abandonar toda ideia de governo. Deve abandoná-la, pois como disse um sábio muitos séculos antes de Cristo, há como se deixar a humanidade entregue a si mesma, mas não há como governar a humanidade. Todas as formas de governo estão destinadas ao fracasso. O despotismo é injusto com todos, inclusive com o déspota, que provavelmente foi feito para coisas melhores. As oligarquias são injustas com muitos, e as oclocracias* com alguns poucos. A democracia, por sua vez, despertara grandes esperanças; mas descobriu-se que ela significa simplesmente o esmagamento do povo, pelo povo e para o povo. Devo dizer que essa descoberta não veio sem tempo, pois toda autoridade é degradante. Degrada aqueles que a exercem, como aqueles sobre quem é exercida. Quando usada de forma violenta, brutal e cruel, dá bom resultado, porque gera ou, de algum modo, faz aflorar o espírito de revolta e o Individualismo que lhe deve dar fim. Quando usada com certa dose de amabilidade e acompanhada de prêmios e recompensas, torna-se assustadoramente desmoralizante. Os

---

* *Oclocracia*: governo em que preponderam as classes inferiores ou a plebe. *Oligarquia*: forma de governo em que o poder está na mão de poucas pessoas ou de poucas famílias.(N.E.)

indivíduos, neste caso, têm menos consciência da horrível pressão a que estão sujeitos. Assim, atravessam a vida numa espécie rude de conforto, como animais domesticados, sem jamais se darem conta de que estão pensando pensamentos alheios, vivendo segundo padrões alheios, vestindo praticamente o que se pode chamar de roupas usadas do alheio, sem nunca serem eles mesmos por um único momento. "Quem é livre", diz arguto pensador, "não se conforma." E a autoridade, ao seduzir as pessoas a se conformarem, cria e alimenta uma espécie muito grosseira de barbárie.

Juntamente com a autoridade se extinguirá a punição, o que será uma grande conquista – uma conquista, com efeito, de valor incalculável. A quem estuda História – não nas edições expurgadas que se destinam a leitores ingênuos ou nada exigentes, mas sim nas fontes autorizadas e originais de cada época – repugnam menos os crimes cometidos pelos perversos que as punições infligidas pelos bons; e uma sociedade se embrutece infinitamente mais pelo emprego frequente de punição do que pela ocorrência eventual do crime. Segue daí que, quanto mais punição se aplica, mais crime se gera. A legislação mais atualizada, reconhecendo isso com toda clareza, toma para si a tarefa de diminuir a punição até onde julgue possível. Toda vez que ela realmente o consegue, os resultados são extremamente bons. Quanto menos punição, menos crime. Não havendo punição, ou o crime deixará de existir, ou, quando ocorrer, será tratado pelos médicos como uma forma de demência, que deve ser curada com afeto e compreensão. Aqueles a quem hoje se chama de criminosos, não o são em hipótese alguma. A fome, e não o pecado, é o autor do crime na sociedade moderna. Eis por que nossos criminosos são, enquanto classe, tão desinteressantes de qualquer ponto de vista psicológico. Eles não são admiráveis Macbeths ou Vautrins terríveis. São apenas o que seriam as pessoas comuns e respeitáveis se não tivessem o suficiente para comer. Quando for extinta a propriedade privada, não haverá compulsão ou motivos para o crime: ele deixará de existir. Evidentemente, nem todos os crimes são contra a propriedade, embora sejam estes os que a justiça inglesa, avaliando o homem pelo que ele tem, e não pelo que é, pune com rigor o mais severo e terrível (isso se excluirmos o crime por homicídio e considerarmos a morte como pior que a condenação a trabalhos forçados, um ponto com que, acredito, não concordam nossos criminosos). Embora um crime possa não ser dirigido contra a propriedade, ele pode surgir da aflição, do ódio e da depressão causada pelo nosso injusto sistema de preservação da propriedade; e desse modo desaparecerá juntamente com esse sistema.

Quando cada membro da sociedade tiver o suficiente para suprir suas necessidades, ninguém mais interferirá na vida de ninguém. A inveja, fonte extraordinária de crimes na vida moderna, é um sentimento estreitamente ligado à nossa concepção de propriedade. Com o Socialismo e o Individualismo, desaparecerá portanto. É notável que ela é completamente desconhecida nas comunidades tribais.

Se ao Estado não cabe governar, pergunta-se então que lhe cabe fazer. Cabe ser uma associação voluntária de organização do trabalho, e ser o produtor e distribuidor dos bens necessários. O Estado deve fazer o que é útil. O indivíduo deve fazer o que é belo. Como mencionei a palavra trabalho, não posso me furtar a dizer que há muito disparate no que se escreve e discute atualmente sobre a dignidade do trabalho braçal. Nada há de necessariamente digno nesse trabalho, em sua maior parte aviltante. É prejudicial ao homem, do ponto de vista mental e moral, realizar qualquer coisa em que não encontre prazer, e muitas das formas de trabalho são atividades completamente desprezíveis, e assim devem ser encaradas. Varrer durante oito horas uma esquina lamacenta, num dia açoitado pelo vento leste, é uma ocupação desagradável. Varrê-la com dignidade mental, moral ou física, parece-me impossível. Varrê-la com satisfação é de estarrecer. O homem foi feito para algo melhor que estar imerso na imundície. Todo trabalho desta sorte deveria ser feito por máquinas.

E não tenho dúvidas de que o será. Até hoje o homem vem sendo, em certa medida, escravo das máquinas, e há algo de trágico no fato de que, tão logo inventou a máquina para trabalhar por ele, o homem tenha começado a passar fome. Isto decorre, no entanto, de nosso sistema de propriedade e de nosso sistema competitivo. Um único homem possui a máquina que executa o trabalho de quinhentos homens. Logo, quinhentos homens são postos na rua; sem trabalho e vítimas da fome, passam a roubar. Aquele homem sozinho detém e estoca a produção da máquina. Possui quinhentas vezes mais do que deveria possuir e provavelmente, o que é ainda mais importante, possui bem mais do que realmente quer. Fosse a máquina propriedade de todos, e todos se beneficiariam dela. Proporcionaria uma vantagem imensa à sociedade. Todo trabalho não intelectual, todo trabalho monótono e desinteressante, todo trabalho que lide com coisas perigosas e implique condições desagradáveis, deve ser realizado por máquinas. Por nós devem as máquinas trabalhar nas minas de carvão e executar todos os serviços sanitários, e ser o foguista das embarcações a vapor, e limpar as ruas, e levar mensagens nos dias chuvosos, e fazer tudo que seja maçante ou penoso. Atualmente, as máquinas competem com o homem. Em condições adequadas, servirão ao homem. Não resta dúvida de que esse será o futuro das máquinas. Assim como as árvores crescem enquanto o senhor rural dorme, enquanto a Humanidade estiver se distraindo, ou desfrutando do lazer cultivado – pois que a ele o homem se destina e não ao trabalho –, ou criando obras belas, lendo belas páginas, ou simplesmente contemplando o mundo com admiração e prazer, as máquinas estarão fazendo todo trabalho necessário e desagradável. O fato é que a civilização exige escravos. Nisso os gregos estiveram muito certos. A menos que haja escravos para fazer o trabalho odioso, horrível e desinteressante, a cultura e a contemplação tornam-se quase impossíveis. A escravidão humana é injusta, arriscada e desmoralizante. Da escravidão mecânica, da escravidão da máquina, depende o futuro do mundo. Quando os cientistas não mais forem convocados a ir até o deprimente East End para distribuir à gente faminta chocolate de má qualidade e cobertores de qualidade ainda pior, terão tempo disponível para planejar coisas maravilhosas e estupendas para satisfação própria e dos demais. Haverá grandes acumuladores de energia em cada cidade, em cada residência se preciso, e essa energia o homem converterá em calor, luz ou movimento, conforme suas necessidades. Isto é Utópico? Um mapa-múndi que não inclua a Utopia não é digno de consulta, pois deixa de fora as terras à que a Humanidade está sempre aportando. E nelas aportando, sobe à gávea e, se divisa terras melhores, torna a içar velas. O progresso é a concretização de Utopias.

Afirmei que a sociedade, por meio da organização da maquinaria, fornecerá o que é útil; o que é belo será criado pelo indivíduo. Isto não só é necessário, como é o único meio possível de obtermos um ou outro. Um indivíduo que tenha de produzir artigos destinados ao uso alheio e à satisfação de necessidades e expectativas alheias, não trabalha com interesse e, consequentemente, não pode pôr em seu trabalho o que tem de melhor. Por outro lado, sempre que uma sociedade, ou um poderoso segmento da sociedade, ou um governo de qualquer espécie, tenta impor ao artista o que ele deve fazer, a Arte desaparece por completo, torna-se estereotipada, ou degenera em uma forma inferior e desprezível de artesanato. Uma obra de arte é o resultado singular de um temperamento singular. Sua beleza provém de ser o autor o que é, e nada tem a ver com as outras pessoas quererem o que querem. Com efeito, no momento em que um artista descobre o que estas pessoas querem e procura atender a demanda, ele deixa de ser um artista e torna-se um artesão maçante ou divertido, um negociante honesto ou desonesto. Perde o direito de ser considerado um artista. A Arte é a manifestação mais intensa de Individualismo que o mundo conhece. Acho-me inclinado a dizer que é a única verdadeira manifestação sua que ele conhece. Em determinadas condições, pode parecer que o crime tenha dado origem ao Individualismo. Para a execução do crime é preciso, no entanto, ir além da alçada própria e interferir na alheia. Pertence à esfera da ação. Por outro lado, sozinho, sem consultar ninguém e livre de qualquer interferência, o artista pode dar forma a algo de belo; e se não o faz unicamente para sua própria satisfação, ele não é um artista de maneira alguma.

Cumpre observar que é o fato de ser a Arte essa forma intensa de Individualismo que leva o público a procurar exercer sobre ela uma autoridade tão imoral quanto ridícula, e tão aviltante quanto desprezível. A culpa não é verdadeiramente do público. Este nunca recebeu, em época alguma, uma boa formação. Está constantemente pedindo à Arte que seja popular, que agrade sua falta de gosto, que adule sua vaidade absurda, que lhe diga o que já lhe disseram, que lhe mostre o que já deve estar farto de ver, que o entretenha quando se sentir pesado após ter comido em demasia, e que lhe distraia os pensamentos quando estiver cansado de sua própria estupidez. A Arte nunca deveria aspirar à popularidade, mas o público deve aspirar a se tornar artístico. Há nisso uma diferença muito ampla. Se disséssemos hoje a um cientista que os resultados de seus experimentos e as conclusões a que chegou deveriam ser de uma tal natureza que não abalassem as noções populares firmadas sobre o assunto, nem contrariassem o preconceito popular ou ferissem a sensibilidade dos que nada entendam de ciência; se disséssemos hoje a um filósofo que ele teria o pleno direito de especular nas esferas mais elevadas do pensamento, conquanto chegasse às mesmas conclusões defendidas por aqueles que nunca refletiram em esfera alguma – bem, o cientista e o filósofo achariam muita graça nessas sugestões. Mas, alguns anos atrás, a filosofia como a ciência viram-se sujeitas ao brutal controle popular, à autoridade quer da ignorância geral da comunidade, quer do terror e sede de poder de uma classe eclesiástica ou governamental. Evidentemente, conseguimos em grande medida nos livrar de qualquer tentativa, por parte da comunidade, da Igreja ou do Governo, de interferência no Individualismo do pensamento especulativo, mas ainda persiste a tentativa de interferência no Individualismo da arte da imaginação. Com efeito, faz mais do que persistir: é agressiva, ofensiva e embrutecedora.

Na Inglaterra, as artes que melhor resistiram a essa interferência são aquelas pelas quais o público não se interessa. A poesia é um exemplo disso. Podemos ter uma poesia elevada na Inglaterra porque o público inglês não a lê e, consequentemente, não a influencia. O público gosta de insultar os poetas por serem indivíduos singulares, mas, uma vez insultados, são deixados em paz. No caso do romance e do drama, artes pelas quais o público tem real interesse, o resultado do exercício da autoridade popular tem sido completamente ridículo. Nenhum outro país produz ficção tão mal escrita, obras tão maçantes e banais na forma de romance, e peças tão estúpidas e vulgares. E é forçoso que seja assim. O padrão popular é de uma natureza tal que nenhum artista consegue atingi-lo. É a um tempo muito fácil e muito difícil ser romancista popular. É muito fácil porque as exigências do público quanto a enredo, estilo, psicologia, tratamento da vida e tratamento da literatura estão ao alcance da compreensão mais mediana e do espírito mais inculto. É muito difícil porque, para satisfazer essas exigências, o artista teria de cometer uma violência a seu temperamento, teria de escrever não pelo prazer artístico de escrever, mas para o entretenimento de pessoas semieducadas, e assim reprimir sua individualidade, esquecer sua cultura, destruir seu estilo e renunciar a tudo que lhe seja precioso. No caso do drama, as coisas andam um pouco melhor: o público que vai ao teatro aprecia o óbvio, é verdade, mas não gosta do que é tedioso; e a comédia burlesca e farsesca, as duas formas mais populares, são formas de arte distintas. É possível fazer obras agradáveis em condições burlescas e farsescas, e na Inglaterra se permite ao artista uma liberdade muito grande na criação de obras desse gênero. É quando se chega às formas mais elevadas do drama que se veem os efeitos do controle popular. A única coisa de que o público não gosta é inovação. É extremamente avesso a qualquer tentativa de se ampliar o universo temático na criação, quando, no entanto, dessa constante ampliação depende em larga medida a vitalidade e o progresso da Arte. O público não gosta de inovação porque a teme. Representa para ele uma forma de Individualismo, uma afirmação por parte do artista de que ele mesmo escolhe o seu tema e o trata como lhe convém. A Arte é Individualismo, e o Individualismo é uma força inquietante e desagregadora. Nisto reside seu grande valor, pois o que procura subverter é a monotonia do tipo, a escravidão do costumeiro, a tirania do habitual e a redução do homem ao nível da máquina. Na Arte, o público aceita o convencional por não poder alterá-lo, mas não porque o aprecie. Engole seus clássicos por inteiro, sem degustá-los. Suporta-os como ao inevitável. E já que não podem digeri-los a seu gosto, ruminam. De modo assaz estranho, ou nada estranho, segundo a visão de cada um, essa aceitação dos clássicos causa um grande mal. Um exemplo disso é a admiração ingênua que na Inglaterra se tem pela Bíblia e por Shakespeare. Quanto à Bíblia, entram em discussão considerações de domínio eclesiástico, de modo que não há por que deter-me no assunto.

Mas no caso de Shakespeare é bastante evidente que, na verdade, o público não vê nem a beleza nem as falhas de suas peças. Se lhes visse a beleza, não se oporia ao aperfeiçoamento do drama; se lhes visse as falhas, tampouco se oporia a ele. O fato é que o público usa os clássicos de uma nação como um meio de deter o progresso da Arte. Degrada os clássicos em autoridades. Utiliza-os como clavas para impedir a livre expressão do Belo em novas formas. Está sempre perguntando a um autor por que não escreve como algum outro, ou a um pintor por que não pinta como algum outro, esquecido por completo de que, se qualquer um deles fizesse alguma coisa dessa sorte, deixaria de ser um artista. Uma nova forma do Belo desagrada sobremaneira o público, o qual fica, a cada vez que ela surge, tão irritado e confuso que acaba por empregar duas expressões estultas – uma, que a obra é completamente ininteligível; outra, que a obra é completamente imoral. O sentido que dá a essas palavras parece ser o seguinte. Quando afirma que uma obra é ininteligível, entende com isso que o artista disse ou fez algo de belo e novo; quando descreve uma obra como imoral, entende com isso que o artista disse ou fez algo de belo e verdadeiro. A expressão anterior refere-se ao estilo; a segunda, ao tema. Mas é provável que o público empregue indiscriminadamente ambos esses atributos, à maneira da plebe que atira pedras do calçamento. Não há um só verdadeiro poeta ou prosador deste século, por exemplo, a quem o público inglês não tenha solenemente outorgado diplomas de imoralidade. Esses diplomas praticamente equivalem entre nós ao que na França é o reconhecimento formal por uma Academia de Letras, tornando felizmente desnecessária na Inglaterra a criação de uma instituição para esse fim. Naturalmente, o público é muito imprudente no uso da palavra. Era de esperar que chamasse Wordsworth um poeta imoral. Afinal Wordsworth era um poeta. Mas é surpreendente que chamasse Charles Kingsley um romancista imoral. A prosa de Kingsley não era de grande qualidade. Mas a palavra existe, e o público a emprega o melhor que pode. Um artista não se deixa, evidentemente, perturbar por ela. O verdadeiro artista é um homem que acredita absolutamente em si mesmo, porque é absolutamente ele mesmo. Mas posso imaginar que – se um artista criasse entre nós uma obra de arte que, imediatamente após seu lançamento, fosse reconhecida pelo público, através de seu meio de expressão, a Imprensa pública, como uma obra bastante inteligível e sumamente moral – este artista começaria a questionar seriamente se ele foi ele próprio na criação dessa obra e, portanto, se ela não lhe seria de todo indigna, ou então de qualidade inferior ou desprovida de qualquer valor artístico.

Talvez tenha sido injusto com o público ao limitá-lo a palavras como "imoral", "ininteligível", "exótico" e "doentio". Há ainda uma outra palavra que ele costuma empregar. "Mórbido". Não a usa com frequência. O significado dessa palavra é tão simples que tem receio de usá-la. Mas de quando em vez depara-se com ela nos jornais populares. É, naturalmente, uma palavra ridícula para se aplicar a uma obra de arte. Pois o que é morbidez senão um estado emocional que não se pode exprimir? O público é sempre mórbido, pois nunca consegue exprimir coisa alguma. O artista jamais é mórbido. Ele expressa tudo. Está além de seu tema e, através de seu meio de expressão, produz efeitos artísticos e incomparáveis. Chamar um artista de mórbido porque trata do tema da morbidez é um disparate tão grande quanto chamar Shakespeare de louco porque escreveu *Rei Lear*.

Na Inglaterra, quase sempre, o artista ganha alguma coisa com ser atacado. Fortalece sua individualidade. Torna-se mais completamente ele mesmo. Os ataques, é claro, são muito grosseiros, impertinentes e desprezíveis. Mas, da mentalidade vulgar e do intelecto suburbano, artista algum espera elegância ou estilo. A vulgaridade e a estupidez são dois fatos muito presentes na vida moderna. Nós os lamentamos, evidentemente. Mas são uma realidade. Constituem matéria para estudo, como qualquer outra coisa. Nada mais justo afirmar, com relação aos jornalistas modernos, que eles sempre se desculpam com alguém em particular, pelo que escreveram contra esse alguém em público.

Nos últimos anos, acrescentaram-se dois outros adjetivos ao limitado vocabulário de injúrias à Arte que o público tem à sua disposição. Um é a palavra "doentio"; outro, a palavra "exótico". Esta última expressa meramente a fúria do cogumelo efêmero contra a orquídea imortal, extasiante e requintadamente adorável. É um tributo, mas um tributo sem nenhuma importância. A palavra "doentio", no entanto, admite análise. Com efeito, é tão interessante que aqueles que a usam não sabem seu significado.

O que significa? O que é uma obra de arte doentia ou sadia? Todos os termos que se aplicam a uma obra de arte, se aplicados racionalmente, fazem referência a seu estilo ou a seu tema, ou a ambos. Do ponto de vista estilístico, uma obra de arte sadia é aquela cujo estilo reconhece a beleza do material utilizado, quer esse material seja palavras ou bronze, cor ou marfim, e usa essa beleza como um fator na criação do efeito estético. Do ponto de vista do tema, uma obra de arte sadia é aquela cuja escolha temática é condicionada pelo temperamento do artista e dele provém diretamente. Em suma, uma obra de arte sadia é aquela que apresenta tanto perfeição quanto personalidade. Naturalmente, numa obra de arte não se podem separar forma e conteúdo, são sempre uma unidade. Mas, para fins de análise, e esquecendo por um momento a totalidade da impressão estética, podemos separá-las num plano intelectual. Uma obra de arte doentia, por outro lado, é uma obra cujo estilo é evidente, comum e ultrapassado, e cujo tema é escolhido deliberadamente, não porque o artista nele encontre prazer, mas porque acha que o público lhe pagará por ele. De fato, o romance popular que o público chama sadio é sempre uma criação completamente doentia; e o que o público chama um romance doentio é sempre uma obra de arte bela e sadia.

É quase desnecessário dizer que não estou, em momento algum, lamentando que o público e a Imprensa pública empreguem inadequadamente essas palavras. Não vejo como poderiam empregá-las no sentido correto, diante de sua falta de compreensão do que seja a Arte. Estou apenas apontando o emprego inadequado; e quanto à origem dessa inadequação e ao significado que se encontra por trás de tudo isso, a explicação é muito simples. Provém do bárbaro conceito de autoridade. Provém da incapacidade de uma sociedade corrompida pela autoridade em entender ou apreciar o Individualismo. Numa palavra, provém daquela coisa medonha e ignorante que se chama Opinião Pública – bem ou mal-intencionada quando procura controlar a ação, mas infame e de intenções perversas quando procura controlar o Pensamento ou a Arte.

Com efeito, há muito mais a se dizer em favor da força física do público do que em favor da opinião do público. Aquela pode ser excelente. Esta última deve ser forçosamente tola. É costume dizer que força não é argumento. Isto, no entanto, depende tão só do que se queira provar. Muitos dos mais importantes problemas dos últimos séculos, como o da continuidade do absolutismo na Inglaterra, ou do feudalismo na França, foram solucionados quase que exclusivamente por meio da força física. A própria violência de uma revolução pode tornar o público sublime e esplêndido por um momento. Foi um dia fatal aquele em que o público descobriu que a pena é mais poderosa que as pedras da rua, e que seu uso pode tornar-se tão agressivo quanto o apedrejamento. Procurou imediatamente pelo jornalista, o encontrou e aperfeiçoou, e fez dele seu servo diligente e bem pago. É de lamentar por ambos. Atrás das barricadas, muito pode haver de nobre e heroico. Mas o que há por trás de um artigo de fundo senão preconceito, estupidez, hipocrisia e disparates? E esses quatro elementos, quando reunidos, adquirem uma força assustadora e constituem a nova autoridade.

Antigamente, os homens tinham a roda de torturas. Hoje têm a Imprensa. Isto certamente é um progresso. Mas ainda é má, injusta e desmoralizante. Alguém – teria sido Burke? – chamou o jornalismo de o quarto poder. Isto na época sem dúvida era verdade. Mas hoje ele é realmente o único poder. Devorou os outros três. Os Lordes temporais nada dizem, os Lordes espirituais* nada têm a dizer, e a Câmara dos Comuns nada tem a dizer e o diz. Estamos dominados pelo Jornalismo. Nos Estados Unidos, o Presidente reina por quatro anos e o Jornalismo governa para todo o sempre. Felizmente, nesse país, o Jornalismo levou sua autoridade ao extremo mais flagrante e brutal e, como decorrência lógica, começou a gerar um espírito de revolta: ou diverte ou aborrece as pessoas, conforme seu temperamento. Mas deixou de ser a força real que era. Não é levado a sério. Na Inglaterra, o Jornalismo, com exceção de alguns poucos exemplos bem conhecidos, não tendo atingido esses excessos de brutalidade, permanece ainda um fator de grande significado, um poder realmente notável. Parece-me descomunal a tirania que ele se propõe exercer sobre nossas vidas privadas. O fato é que o público tem uma curiosidade insaciável de conhecer tudo, exceto o que é digno de se conhecer. O Jornalismo, ciente disso, e com vezos de comerciante, satisfaz suas exigências. Em séculos passados, o público ex-

---

* Membros da Câmara dos Lordes, ou dos Pares, divisão superior do Parlamento inglês. Os lordes temporais são os que ocupam o direito e a cadeira por princípios de hereditariedade; os espirituais (bispos e arcebispos) são nomeados vitaliciamente. (N.E.)

punha as orelhas dos jornalistas no pelourinho. O que era horrível. Neste século, os jornalistas ficam de orelha em pé atrás das portas. O que é ainda pior. O mal é que os jornalistas mais culpados não estão entre aqueles que escrevem para o que se chama de coluna social. O dano é causado pelos jornalistas sisudos, graves e circunspectos que trarão, solenemente, como hoje trazem, para diante dos olhos do público, algum incidente na vida privada de um grande estadista, de um homem que é assim um líder do pensamento político como criador de força política. Convidarão o público a discutir o incidente, a exercer autoridade no assunto, a externar seus pontos de vista, e não somente a externá-los, mas a colocá-los em ação, a impô-los àquele homem sobre todos os outros argumentos, a impor ao partido e à nação dele; convidarão, enfim, o público a se tornar ridículo, agressivo e perigoso. A vida particular dos homens ou das mulheres não deveria ser revelada ao público. Este não tem nada absolutamente a ver com ela.

Na França há um controle maior nesses assuntos. Lá não se permite que pormenores dos julgamentos que se realizam nos tribunais de divórcio sejam divulgados para entretenimento ou crítica do público. Tudo que se lhe permite saber é que houve o divórcio e que foi concedido a pedido de uma ou outra parte envolvida, ou de ambas. Na França, com efeito, limitam o jornalista, e concedem ao artista quase que completa liberdade. Aqui, concedemos liberdade absoluta ao jornalista e limitamos inteiramente o artista. A opinião pública inglesa, por assim dizer, procura tolher, cercear e submeter o homem que cria o Belo efetivamente, e compele o jornalista a recontar o factualmente feio, desagradável ou repulsivo; de modo que temos os mais sisudos jornalistas do mundo e os jornais mais indecentes. Não há exagero em se falar em compulsão. Há positivamente jornalistas que têm verdadeiro prazer em publicar coisas horríveis, ou que, por serem pobres, veem nos escândalos uma fonte permanente de renda. Mas não tenho dúvidas de que há outros jornalistas, homens de boa formação e cultura, a quem realmente desagrada publicar esse tipo de assunto, homens que sabem ser errado agir assim e, se assim agem, é apenas porque as condições doentias em que exercem sua profissão os obriga a atender o público no que o público quer, e a concorrer com outros jornalistas para que esse atendimento satisfaça o mais plenamente possível o grosseiro apetite popular. É uma posição muito degradante para ser ocupada por qualquer desses homens, e não há dúvida de que a maioria deles percebe isso sensivelmente.

Contudo deixemos o que vem a ser uma face muito sórdida do problema e voltemos à questão do controle popular na esfera da Arte. Por esse controle entendo a imposição da Opinião Pública sobre o artista quanto à forma que ele deve usar, o modo em que deve usá-la e os materiais com que deve trabalhar. Salientei que na Inglaterra as artes que mais se preservaram são aquelas pelas quais o público não demonstra interesse. Mas demonstra pelo drama, e como se alcançou algum progresso nesse gênero nos últimos dez ou quinze anos, é importante ressaltar que esse progresso se deve exclusivamente a uns poucos artistas, indivíduos singulares que se recusam a aceitar como normal a falta de gosto popular e se recusam a considerar a Arte uma mera questão de oferta e procura. Personalidade ativa e admirável, autor de um estilo em que há um verdadeiro elemento de cor, e dotado de um poder excepcional, não sobre a mera imitação, mas sobre a criação imaginativa e intelectual – Mr. Irving, se tivesse como único objetivo dar ao público o que este quer, poderia ter escrito as peças mais comuns da maneira mais comum, e ter obtido tanto sucesso e dinheiro quanto um homem poderia almejar. Mas este não era seu objetivo. Era o de alcançar a própria perfeição enquanto artista, sob determinadas condições e em determinadas formas de Arte. No início, ele atraiu uns poucos; hoje educa a maioria. Criou no público gosto e temperamento. O público aprecia imensamente o seu sucesso. Frequentemente me pergunto, porém, se o público compreende que esse sucesso se deve exclusivamente ao fato de que o autor não aceitou o padrão exigido por ele, mas formou o seu próprio. Aceitasse aquele padrão, e teria feito do Lyceum uma espécie de barraca de segunda categoria, à maneira de alguns teatros populares hoje em Londres. Quer o público entenda ou não isto, permanece no entanto o fato de que em certa medida criou-se nele esse gosto e temperamento e que o público é capaz de desenvolver essas qualidades. O problema está em saber por que não se torna mais civilizado. Capacidade ele tem; o que o impede?

O que o impede, repita-se, é seu desejo de exercer autoridade sobre o artista e a obra de arte. A alguns teatros, como o Lyceum e o

Haymarket, o público parece afluir com o estado de espírito adequado. Em ambos os teatros, houve artistas que conseguiram despertar em suas plateias – e cada teatro em Londres tem sua própria plateia – o temperamento que convém à arte. E qual é esse temperamento? É o da receptividade. Apenas isso.

Se um homem aborda uma obra de arte com a intenção de exercer autoridade sobre ela e o artista, ele a está abordando com um tal espírito que lhe impede receber dela impressão artística. A obra de arte deve dominar o espectador, e não o espectador dominar a obra de arte. O espectador deve ser receptivo. Deve ser o violino em que o virtuose irá tocar. Quanto mais completamente possa subjugar seus tolos pontos de vista, preconceitos descabidos, suas ideias absurdas do que deva ser a Arte, ou do que ela não deva ser – maiores chances terá de compreender e apreciar a obra de arte em questão. Isto é, naturalmente, muito claro no caso do público de teatros populares na Inglaterra. Mas vale igualmente para o que se chama pessoas cultas. Pois as ideias que uma pessoa culta tem da Arte são extraídas do que tem sido a Arte, ao passo que a obra de arte inovadora é bela por ser o que a Arte nunca foi;

portanto avaliá-la segundo critérios do passado é avaliá-la segundo critérios de cuja recusa depende sua verdadeira perfeição. Somente poderá apreciar uma obra de arte aquele temperamento que é suscetível de receber impressões novas e belas, que lhe chegam graças ao meio e às condições próprias de expressão do imaginário. E se isto é verdade no caso da apreciação da escultura e da pintura, é ainda mais verdadeiro no caso da apreciação de artes como o drama. Pois um quadro e uma estátua não estão em luta contra o Tempo. Ambos não se dão conta de sua progressão. Basta-nos um só momento para apreender-lhes a unidade. Mas no caso da literatura é preciso que atravessemos no tempo para chegar à unidade de efeito. Assim, por exemplo, pode ocorrer, no primeiro ato de uma peça, alguma coisa cujo valor artístico real só ficará claro para o espectador no terceiro ou quarto ato. Deverá esse nosso tolo amigo zangar-se, gritar, perturbar a apresentação e atrapalhar os atores? Não. O homem consciencioso deve sentar-se tranquilamente e conhecer as deliciosas emoções de surpresa, curiosidade e suspense. Ele não vai ao teatro para perder a calma, de maneira vulgar. Mas sim para dar realidade a um temperamento artístico. Para ganhar um temperamento artístico. Ele não é o juiz da obra de arte. É aquele a quem se permite contemplar a obra de arte e, se a obra for boa, esquecer, na contemplação, toda a vaidade que o prejudica – a vaidade de sua ignorância ou a de seu conhecimento. Acredito que raras vezes o caso do drama é objeto de suficiente consideração. Entendo perfeitamente que, se *Macbeth* fosse encenado pela primeira vez para uma plateia inglesa moderna, muitos dos presentes iriam se opor de modo enérgico à apresentação das bruxas no primeiro ato, com suas falas grotescas e suas palavras ridículas. Mas quando a peça termina, compreendemos que a risada das bruxas em *Macbeth* é tão terrível quanto a risada de loucura do *Rei Lear* e ainda mais terrível que a risada de Iago na tragédia do Mouro. A nenhum espectador de Arte é tão necessário um perfeito espírito de receptividade quanto ao espectador de uma peça. No momento em que procurar exercer autoridade, ele se tornará o inimigo declarado da Arte, e dele próprio. À Arte isto pouco importa. Ele é quem sofre.

Com o romance dá-se o mesmo. A autoridade popular e o reconhecimento da autoridade popular são fatais.

O *Esmond* de Thackeray é uma bela obra de arte porque ele a escreveu para agradar a si próprio. Em seus outros romances, em *Pendennis*, em *Phillip*, mesmo em *Feira de Vaidades*, tem demasiada consciência do público e põe sua obra a perder, quando faz um claro apelo aos sentimentos do público, ou quando zomba deles às claras. Um verdadeiro artista não dá atenção ao público. Este não existe para ele. Um artista não tem tortas recheadas com ópio ou mel com as quais adormeça ou anime o monstro. Deixa isso para o romancista popular. Temos hoje na Inglaterra um romancista incomparável, Mr. George Meredith. Há artistas melhores na França, mas a França não possui um cuja visão da existência seja tão ampla, diversa e imaginativamente verdadeira. Na Rússia há narradores dotados de um senso mais vívido do que seja o sofrimento na ficção. Mas a Mr. Meredith pertence a filosofia na ficção. Suas personagens não apenas vivem, mas vivem em pensamento. Pode-se vê-las de uma miríade de pontos de vista. São inspiradas. Há almas nelas e à sua volta. São interpretativas e simbólicas. E aquele que as criou, a essas figuras maravilhosas em seus movimentos ágeis, criou para sua própria satisfação, sem jamais perguntar ao público o que ele queria, sem jamais se importar em saber o que ele queria, sem jamais permitir ao público fazer-lhe imposições ou influenciá-lo de algum modo, mas continuando sempre a afirmar sua personalidade e a produzir seu próprio trabalho. De início, ninguém o procurou. Isto não o preocupou. Então alguns poucos o procuraram. Isto em nada o mudou. Muitos o procuram agora. Ele permanece o mesmo, um romancista incomparável.

Com as artes decorativas não é diferente. O público apegou-se com uma obstinação realmente patética ao que, acredito, eram tradições saídas da Grande Mostra da vulgaridade internacional, tradições tão aterradoras que as residências pareciam adequadas a que nelas morassem apenas pessoas desprovidas do sentido da visão. Mas começaram a surgir coisas belas; das mãos e da imaginação dos artífices nasceram belas cores, belos desenhos. E difundiu-se a beleza, e seu valor e significado. Indignado, o público perdeu a calma. Disse disparates. Ninguém deu a menor importância. Ninguém aceitou a autoridade da opinião pública. E agora é quase impossível entrar em um aposento moderno sem que se veja algum sinal de bom gosto, de valorização de ambientes e apreciação da beleza. De fato, as residências estão, em regra, muito encantadoras. As pessoas civilizaram-se. Nada mais justo afirmar, no entanto, que o sucesso excepcional da revolução em decoração e mobiliário não se deve a um refinamento do gosto nesse sentido entre a maioria das pessoas. Deve-se principalmente ao fato de que os artífices encontraram um tal prazer na confecção do belo e despertaram para uma consciência tão viva do horror e da vulgaridade daquilo que era objeto da expectativa do público, que eles simplesmente se recusaram a alimentar seu mau gosto. Atualmente seria impossível mobiliar um aposento como alguns anos atrás, sem que para isso fosse preciso buscar tudo num leilão de móveis usados, procedentes de algum albergue de terceira categoria. Hoje não se fazem mais coisas como essa. Entretanto, opondo-se a isso, o público pode reivindicar a necessidade de se ver cercado de objetos graciosos, mas, felizmente, sua suposta autoridade na esfera da arte malogrou.

Fica claro, então, que é vã qualquer autoridade nesses assuntos. Às vezes questiona-se qual forma de governo convém mais a um artista. Há apenas uma resposta para essa pergunta. A forma de governo que mais lhe convém é nenhum governo. É ridícula a autoridade sobre o artista e sua arte. Afirma-se que, sob o despotismo, os artistas criaram obras adoráveis. Isto não é bem assim. Os artistas visitavam os déspotas, não como indivíduos a serem subjugados, mas como sonhadores errantes, personalidades excêntricas e fascinantes, a quem se deveria receber e festejar e a quem se deveria deixar em paz e livres para criar. Há o seguinte a se dizer em favor do déspota: ele, como indivíduo, pode ter cultura; a plebe, por ser monstro, não tem nenhuma. O Imperador e o Rei podem abaixar-se para apanhar do chão um pincel e devolvê-lo a um pintor, mas quando a democracia se abaixa, é apenas para atirar lama, embora nunca tenha se abaixado a exemplo do Imperador. Na verdade, quando quer jogar lama, não é preciso que fique mais agachada do que está. Mas não há necessidade alguma de separar o monarca da plebe: toda autoridade é igualmente má.

Há três espécies de déspotas. Há o que tiraniza o corpo. Há o que tiraniza a alma. Há o que tiraniza o corpo e a alma. O primeiro chama-se

Príncipe. O segundo chama-se Papa. O terceiro chama-se Povo. O Príncipe pode ser culto, e muitos o foram. Mas corre-se perigo com os Príncipes. Vem à memória Dante no banquete amargo de Verona, ou Tasso na cela de Ferrara em que fora encarcerado como louco. É melhor que o artista não conviva com Príncipes. O Papa pode ser culto. Muitos o foram; e também os maus Papas. Estes amavam o Belo, quase tão apaixonadamente, ou antes, com tanta cólera quanto os bons Papas odiavam as Ideias. À perversidade do Papado, muito deve a humanidade. A benevolência do Papado tem, com esta, espantosa dívida de sua parte. E, embora o Vaticano tenha mantido a retórica trovejante e perdido o condão fulminador, é melhor que o artista não conviva com os Papas. Foi um Papa quem disse, falando de Cellini a um conclave de Cardeais, que as leis e a autoridade comuns não foram feitas para ele; mas foi um Papa quem o confinou na prisão, e o manteve lá até que se exasperasse de raiva, e criasse visões irreais para si mesmo, e, vendo o sol dourado entrar em sua cela, ficasse tão enamorado dele que procurasse fugir, e se esgueirasse de torre a torre, e, saltando através do ar vertiginoso da madrugada, se mutilasse, e, escondido sob as folhas de parreira com que o cobriria um vinhateiro, fosse conduzido numa carroça para alguém que, amante das coisas belas, cuidou dele. Corre-se perigo com os Papas. E quanto ao Povo, que é dele e de sua autoridade? Talvez dele e de sua autoridade já se tenha falado o suficiente. A autoridade do Povo é uma coisa cega, surda e hedionda; grotesca, trágica e divertida; séria e obscena. É impossível ao artista conviver com o Povo. Todos os déspotas corrompem. O Povo corrompe e embrutece. Quem lhe disse para exercer autoridade? Ele foi destinado a viver, ouvir e amar. Alguém lhe fez um grande mal: ele se perdeu pela imitação dos superiores. Tomou o cetro do Príncipe. Como usá-lo? Tomou a tiara do Papa. Como suportar seus encargos? O Povo é como um palhaço prostrado pela dor. Como um sacerdote cuja alma ainda não nasceu. Que todos os amantes da beleza apiedem-se dele. Embora ele próprio não ame a Beleza, que ainda assim se apiede de si mesmo. Quem lhe ensinou a artimanha da tirania?

Há ainda outras coisas a ressaltar. Entre elas, que a Renascença foi magnífica porque não procurou resolver nenhum problema social e não se ocupou de coisas dessa ordem, mas deixou que o indivíduo se desenvolvesse de maneira harmoniosa e natural; teve, assim, artistas magníficos e singulares. Ou então que Luís XIV, ao criar o Estado moderno, destruiu o individualismo do artista e tornou tudo disforme, pela repetição invariável e desprezível, pela conformidade à regra, destruindo em toda a França aquela perfeita liberdade de expressão que inovara em beleza e tradição e fizera das formas novas e da antiga uma só unidade. Mas de importância alguma é o passado. De importância alguma, o presente. É com o futuro que temos de tratar. Pois o passado é o que o homem não deveria ter sido. O presente é o que o homem não deve ser. O futuro é o que os artistas são.

Naturalmente se dirá que um projeto como este aqui apresentado é impraticável e contrário à natureza humana. Não há dúvida. É impraticável e contrário à natureza humana. Eis por que vale a pena ser posto em execução, e eis por que é proposta. Pois o que é um projeto prático? É um que ou já está em vigência, ou que poderia ser posto em execução nas condições vigentes. Mas é exatamente contra essas condições que ele se insurge; e qualquer projeto que pudesse aceitá-las seria injusto e descabido. Passarão as condições, e a natureza humana se transformará. O que sabemos dela é apenas que se transforma. Transformação vem a ser a única qualidade que lhe podemos atribuir. Os sistemas que fracassam são aqueles que se fiam na continuidade invariada da natureza humana, e não em seu crescimento e aperfeiçoamento. O erro de Luís XIV foi ter julgado que ela seria sempre a mesma. A consequência de seu erro foi a Revolução Francesa. Foi uma consequência notável, como são notáveis todas as consequências dos erros governamentais.

Deve-se observar que o Individualismo não se apresenta ao homem com alguma enjoada cantilena sobre o dever, que significa tão só fazer o que os outros querem porque assim querem; ou alguma cantilena abominável sobre autossacrifício, que é tão só uma sobrevivência da mutilação selvagem. De fato, ele não surge com nenhuma exigência ao homem. Surge do homem, inevitável e naturalmente. Este é o ponto a que tende todo desenvolvimento. É a diferenciação a que evoluem todos organismos. É a perfeição que, inerente a toda forma de vida, anima toda forma de vida. Assim, o Individualismo não exerce nenhuma coação sobre o homem. Diz-lhe, pelo contrário, que não permita que nenhuma coação se exerça sobre ele. Não tenta forçá-lo a ser bom. Sabe que ele é bom quando deixado em paz. O homem desenvolverá o Individualismo a partir de si mesmo, como o está agora desenvolvendo. Perguntar se o Individualismo é possível é como perguntar se é possível a Evolução. A Evolução é a lei da vida, e não há evolução senão rumo ao Individualismo. Onde essa tendência não se manifesta, trata-se de um caso de crescimento interrompido artificialmente, de doença ou de morte.

O Individualismo será natural e altruísta. Afirma-se que uma das consequências da descomunal tirania da autoridade é que as palavras, completamente desviadas de seu sentido próprio e verdadeiro, são usadas para expressar o anverso de sua exata significação. O que é verdadeiro para a Arte, é verdadeiro para a Vida. Hoje é costume chamar um homem de afetado se ele se veste como lhe apraz. Mas, ao fazê-lo, ele está agindo de uma maneira perfeitamente natural. A afetação, nesse caso, consistiria em se vestir conforme as opiniões do alheio, que, por serem a da maioria, provavelmente serão muito estúpidas. Ou então é costume chamar egoísta a um homem cuja maneira de viver lhe pareça a mais adequada para a expressão plena de sua individualidade; em verdade um homem cujo objetivo primordial na vida seja o aperfeiçoamento de si mesmo. Mas esta é a maneira como todos deveriam viver. Egoísmo não significa viver como se deseja, mas sim pedir aos outros que vivam como se deseja. E altruísmo significa deixar a vida de outrem em paz, não interferir nela. O egoísta sempre visa criar em torno de si uniformidade absoluta. O altruísta reconhece satisfeito a diversidade, aceita-a, concorda com ela, desfruta-a. Não é egoísmo pensar por si mesmo. Um homem que não pensa por si mesmo, simplesmente não pensa. É demasiado egoísmo exigir que o próximo deva pensar da mesma forma e sustentar as mesmas opiniões. Por que deveria? Se ele tem a faculdade de pensar, irá provavelmente pensar de modo diferente. Se não tem, é uma crueldade exigir-lhe pensamento de qualquer espécie. Uma rosa vermelha não é egoísta por querer ser uma rosa vermelha. Mas seria terrivelmente egoísta se quisesse que as demais flores do jardim fossem tanto rosas quanto vermelhas. Sob o Individualismo, as pessoas serão perfeitamente naturais e altruístas, conhecerão os significados dessas palavras e irão compreendê-los na vida, que tomará a forma da liberdade e da beleza. Tampouco os homens serão egoístas como são agora. O egotista é aquele que impõe exigências aos outros, e o Individualista não desejará tal coisa, pois não terá prazer nela. Quando o homem tiver compreendido o Individualismo, terá também compreendido a solidariedade e a praticará livre e espontaneamente. Até hoje dificilmente o homem tem cultivado a solidariedade. Ele é solidário apenas na dor, e a solidariedade na dor não é a forma mais elevada de solidariedade. Toda solidariedade é pura, mas na dor tem sua forma menos pura. Está maculada pelo egotismo. Está inclinada a se tornar mórbida. Há nela um certo temor por nossa própria segurança. Temos medo de que nós próprios venhamos a ficar como o leproso ou o cego, e ninguém se importe conosco. Além do mais, tal solidariedade é muito limitada. Deveríamos ser solidários com a vida em sua totalidade, não apenas na dor e na doença, mas também na alegria, na beleza, na energia, na saúde e na liberdade. A solidariedade mais ampla é, naturalmente, a mais difícil: exige maior altruísmo. Qualquer um pode se sentir solidário na dor sofrida por um amigo, mas é preciso uma natureza muito superior – a natureza de um verdadeiro Individualista – para se sentir solidário no êxito alcançado por um amigo.

Nos dias de hoje, a pressão da concorrência e luta por oportunidades torna rara essa solidariedade, que é também sufocada pelo ideal moral de uniformização e conformação à norma, o qual prevalece em toda parte, mas que talvez seja mais condenável na Inglaterra.

Sempre haverá, é claro, a solidariedade na dor. É um dos instintos primários do homem. Os animais que têm individualidade, os animais superiores, por assim dizer, compartilham-na conosco. Mas cumpre lembrar que, se a solidariedade na alegria causa mais alegria entre nós, a solidariedade na dor, por sua vez, não reduz o sofrimento no mundo. Pode tornar o homem mais capaz de suportar o mal, embora o mal permaneça. A solidariedade no definhamento que precede a morte em certas moléstias, não pode debelá-lo: isto cabe à ciência. E quando o Socialismo tiver resolvido o problema da miséria e a ciência o da enfermidade, diminuirá o campo de ação dos sentimentalistas, e a solidariedade humana será ampla, sadia e espontânea. O homem terá alegria na contemplação da alegria de seu semelhante.

Será por meio da alegria que se desenvolverá o Individualismo do futuro. Cristo não fez nenhuma tentativa de reconstruir a sociedade, e, assim, o individualismo que ele pregou ao homem só poderia ser alcançado por meio da dor ou da solidão. Os Ideais que devemos a Cristo são os ideais do homem que abandona a sociedade por completo, ou daquele que a suporta incondicionalmente. Mas o homem é social por natureza. Mesmo as Tebaidas foram finalmente habitadas. E embora o cenobita conceba sua personalidade, uma personalidade assim concebida é quase sempre infecunda. Por outro lado, a terrível verdade de que a dor é uma forma pela qual o homem pode alcançar a perfeição de si mesmo exerce um admirável fascínio sobre a humanidade. Amiúde, oradores e pensadores discorrem, de púlpitos e palanques, sobre o culto mundano do prazer, e o lastimam. Mas raras vezes em sua história o mundo teve como ideal a alegria e a beleza. Deixou-se dominar bem mais pelo culto da dor. O Medievalismo, com seus santos e mártires, seu apego à autoflagelação, sua paixão selvagem em se ferir a si mesmo, acutilar-se e disciplinar-se por penitência – o Medievalismo é o Cristianismo verdadeiro e o Cristo medieval é o verdadeiro Cristo. Quando a Renascença despertou sobre o mundo e trouxe consigo os novos ideais de beleza da vida e alegria de viver, os homens não puderam entender a Cristo. A Arte mesma nos mostra isso. Os pintores da Renascença representaram Cristo na forma de uma criança que brinca com outra em um palácio ou um jardim, ou que repousa nos braços de sua mãe, sorrindo para ela, para uma flor, ou para um pássaro esplendoroso; ou na forma de uma personagem sublime que caminha solene pelo mundo; ou de uma personagem maravilhosa que, numa espécie de êxtase, ressurge da morte para a vida. Mesmo quando o representavam crucificado, representavam-no como um Deus belo a quem os homens perversos infligiram sofrimentos. Mas os artistas não se absorviam na sua representação. Encantava-lhes pintar homens e mulheres que admiravam e mostrar os encantos desse mundo belo e encantador. Pintaram muitos quadros religiosos – na verdade, pintaram-nos em demasia, e a monótona invariabilidade temática não fez bem à Arte. Resultado da ação da autoridade do público na esfera da Arte, só resta deplorá-la. Nessas obras, a alma do pintor não está no tema representado. Rafael foi um grande artista quando pintou o retrato do Papa, mas não quando fez suas Madonas e seus Meninos-Deus. Cristo não tinha nenhuma mensagem para a Renascença, que foi admirável porque trouxe um ideal que discordava do dele, e para encontrar a representação do Cristo verdadeiro, precisamos recorrer à arte medieval. Nela, o Cristo é aquele que está coberto de chagas e de sangue; aquele em que não há prazer em contemplar, porque a Beleza é uma alegria; aquele que não está em finas vestes, porque isso também seria uma alegria; ele é um mendigo que tem uma alma excelsa, é um leproso cuja alma é divina; não precisa nem de bens nem de saúde; é um deus que alcança a perfeição através da dor.

A evolução do homem é lenta, e é grande a injustiça dos homens. Foi preciso mostrar a dor como uma forma de se alcançar a perfeição de si mesmo. Mesmo agora, a mensagem de Cristo é necessária em algumas partes do mundo. Ninguém que viva na Rússia de hoje poderá alcançar a sua perfeição a não ser na dor. Uns poucos artistas russos alcançaram-na na Arte, numa ficção que se mostra medieval na busca de se atingir a perfeição através da dor. Mas aos que não são artistas, não lhes resta nenhum outro modo de vida senão a vida real, para esses a dor é a única passagem para a perfeição. Um russo que viva feliz no atual sistema de governo de seu país, ou acredita que o homem não tem alma, ou que, se a tem, não vale a pena aperfeiçoá-la. Um niilista que rejeite toda autoridade porque sabe que a autoridade é má, e acolha com prazer toda dor porque por meio dela eleva à perfeição sua personalidade, é um cristão verdadeiro. Para ele, o ideal cristão é uma coisa verdadeira.

E no entanto Cristo não se rebelou contra a autoridade. Aceitou a autoridade imperial e do Império Romano e pagou impostos. Suportou a autoridade eclesiástica da Igreja Judaica, sem jamais rebater-lhe a violência com violência própria. Ele não tinha, como afirmei acima, nenhum projeto de reconstrução da sociedade. Mas o mundo moderno tem projetos. Propõe dar fim à pobreza e à dor que ela acarreta. Deseja livrar-se da dor e do sofrimento que a dor acarreta. Confia no Socialismo e na Ciência como seus métodos. Visa a um Individualismo que se expresse através da alegria e que será mais vasto, pleno e encantador que qualquer outro tenha sido. A dor não é a forma suprema de perfeição. Meramente provisória, é um protesto. Está presa aos meios iníquos, doentios e injustos. Quando a iniquidade, a doença e a injustiça forem erradicadas, não haverá mais lugar para ela. Foi uma grande obra, mas já está quase finda. Sua esfera de ação reduz-se a cada dia.

Tampouco o homem dará por sua falta, pois o que se busca não é nem sofrimento nem prazer, mas a Vida. Busca viver de forma intensa, plena e perfeita. Quando puder viver assim – sem sujeitar seu semelhante nem ser por ele sujeitado, e suas atividades lhe forem todas agradáveis –, ele será mais sensato, sadio e civilizado, será mais ele próprio. O Prazer é a medida da natureza, seu sinal de aprovação. Quando um homem está feliz, ele está em harmonia consigo mesmo e com seu meio. O novo Individualismo – a serviço do qual, quer queira, quer não, está o Socialismo – será a harmonia perfeita. Será o que o Grego buscou, mas não pôde alcançar completamente, a não ser no plano das Ideias, porque tinha escravos, e os alimentava; será o que a Renascença buscou, mas não pôde alcançar completamente, a não ser no plano da Arte, porque tinha escravos e os entregava à fome. Será completo e, por meio dele, cada homem atingirá a perfeição. O novo Individualismo é o novo Helenismo.

Cronologia

1854 – Em 16 de outubro nasce em Dublin, Irlanda, Oscar Fingal O'Flahertie Wills Wilde (alguns autores consideram como data de nascimento de Wilde o dia 15 de outubro de 1855), filho de Sir William Robert Wills Wilde (grande especialista em ouvidos e olhos e autoridade em folclore irlandês) e Jane Francesca Elgee (poeta e tradutora, também irlandesa), a quem Oscar era extremamente dedicado, e que teve importante participação no Irish Nationalist Movement.

1864-71 – Frequenta a Portora Royal School, de Enniskillen, cidade do norte da Irlanda.

1867 – Morre a irmã mais moça de Wilde, Isola, aos oito anos.

1871-74 – Frequenta o Trinity College, de Dublin.

1873 – Obtém uma bolsa de estudos de 20 libras anuais.

1874 – Ganha a Medalha de Ouro de Berkeley por seu trabalho em grego sobre os poetas helenos no Trinity College. Obtém outra bolsa de 95 libras anuais, por cinco anos, que lhe permite entrar para o Magdalen College, de Oxford, no outono desse ano. Aí é influenciado por John Ruskin, então graduado professor de Arte, e por Walter Pater, professor do Brasenose College, cujos *Estudos da história do Renascimento* ele aclamou como "os escritos sagrados do belo". Wilde chama a atenção por sua originalidade e independência de opiniões e gostos; por sua brilhante conversação e suas alegres festas e, surpreendentemente, por seu talento em contornar situações difíceis. Nesta época faz uma tentativa, fracassada, de converter-se ao catolicismo.

1875 – Durante o verão, visita a Itália com o professor J. P. Mahaffy, de Dublin.

1876 – A 19 de abril morre seu pai, Sir William Wilde, deixando-lhe alguns bens. Ganha o primeiro prêmio em literatura grega e latina, no Magdalen College. Publica sua primeira poesia, versão de uma passagem de *As nuvens de Aristófanes*, intitulada *O coro de virgens das nuvens.*

1877 – Viaja pela Grécia com o professor Mahaffy e volta à Itália.

1878 – Concedem-lhe um primeiro prêmio nos exames de final de curso, em Oxford. Ganha o Prêmio Newizgate, com seu poema *Ravenna*, escrito em março do mesmo ano. Obtém o título de Bacharel em Artes.

1879 – Fixa residência em Londres, como "professor" de estética. *Phèdre*, sob o título *A Sara Bernhardt*, é publicado no *The World*.

1880 – Escreve o drama em cinco atos *Vera*, ou *Os niilistas*, sobre o niilismo na Rússia.

1881 – Publicada em julho a primeira edição de *Poemas*, coligidos por David Bogue. O sucesso e a celebridade do tempo de universidade não se perdem (como seria normal) em meio à vida londrina. Sua aparência coloca-o em evidência quase que imediatamente e, sobre seus seis pés de altura, Wilde autodenomina-se um apóstolo da reforma do vestuário, vestindo-se de acordo com o humor do dia e mostrando-se nas festas com roupas extravagantes. Nestes três anos que se seguem à sua saída de Oxford, Wilde é caricaturado no *Punch* (famoso jornal satírico da época) e satirizado nos palcos londrinos, sendo a sátira mais famosa *Patience*, de Gilbert & Sullivan, que fazia troça dos estetas.

1882 – Viagem de conferências pelos Estados Unidos e pelo Canadá, iniciada em Nova York no dia 2 de janeiro com a palestra sobre *O Renascimento inglês*. Regressa a Londres no dia 27 de dezembro.

1883 – Em fevereiro vai pela primeira vez a Paris, onde passa três meses; ali termina sua tragédia *A duquesa de Pádua*. Em Paris, conhece

Goncourt, Daudet, Hugo, o pintor John Singer Sargent, o ator Coquelin Paul Bourget, Zola e Mallarmé. Em agosto viaja a Nova York para assistir à première de *Vera*, ou *Os niilistas*, que permanece em cartaz apenas uma semana.

1884 – Casa-se com Constance Lloyd. Trabalha febrilmente como crítico literário em vários diários e revistas, o que o ajuda a manter seus gostos e passatempos, excessivamente caros.

1885 – Nasce Cyril, seu primeiro filho, que iria morrer em maio de 1915, na França, por ocasião da guerra. Época de grandes dificuldades econômicas para Wilde.

1886 – Nasce Vyvyan, seu segundo filho. Conhece Robert Ross. Começam já a circular rumores sobre seu gênero de vida.

1887-89 – Trabalha como editor de *The Woman's World*.

1888 – Publica *O príncipe feliz e outras histórias*, contos de fadas.

1889 – Publica *O retrato do Sr. W. H.*, baseado no mistério criado em torno do protagonista e do autor dos Sonetos de Shakespeare, e é hostilmente recebido pela crítica.

1890 – A primeira versão de *O retrato de Dorian Gray* é publicada no *Lippincott's Monthly Magazine*.

1891 – Representada na Alemanha e nos Estados Unidos *A duquesa de Pádua*, sem alcançar êxito (nos Estados Unidos a peça é levada à cena com o nome de *Guido Ferranti*, e sem o nome do autor). O ensaio *A alma do homem sob o socialismo* é publicado no *The Fortnightly Review*. Conhece Lorde Alfred Douglas, cuja beleza, juventude e aristocracia logo o atraem. Publica a versão revisada de *O retrato de Dorian Gray*. Também publica *Intentions*, *Lord Arthur Savile's Crime and Other Stories*, *A House of Pomegranates*. Wilde revela estar escrevendo, em francês, uma peça baseada na história de Salomé.

1892 – Estreia no St. James Theatre, de Londres, *O leque de Lady Windermere*, com grande sucesso. Sarah Bernhardt ensaia em Londres *Salomé*, peça em um ato escrita em francês, sobre a morte de São João Batista, cuja estreia, à última hora, é proibida por apresentar personagens bíblicos.

1893 – *Salomé* é bem recebida quando produzida em Paris e Berlim. *Uma mulher sem importância* é montada em Londres, também com êxito, e *O leque de Lady Windermere* é publicado. Wilde começa a ser o autor da moda.

1894 – Edição de *Salomé*, em Londres, com as célebres ilustrações do desenhista Audrey Bearsdley, e em tradução de Lorde Alfred Douglas. Publica *Uma mulher sem importância* e o poema *A esfinge*, cujo insucesso o leva a dizer: "Minha primeira ideia foi mandar imprimir apenas três cópias: uma para mim, uma para o Museu Britânico e uma para o Paraíso – e tenho algumas dúvidas quanto ao Museu..." Em fins deste ano, Wilde viaja para a Argélia acompanhado de Lorde Alfred Douglas, ali encontrando o conhecido escritor francês André Gide, que mais tarde irá referir-se ao poeta em seu opúsculo *In Memoriam*.

1895 – As peças *Um marido ideal* e *A importância de ser prudente* são montadas em Londres com extraordinário êxito. Wilde acha-se agora no ponto culminante de sua vida, a poucos passos do início da catástrofe. Em 28 de fevereiro, no Albemarle Club, Wilde recebe o ofensivo cartão do Marquês de Queensberry, pai de Alfred Douglas, ali deixado dez dias antes ("a Oscar Wilde, conhecido sodomita", dizia o cartão). Incitado pelo próprio Lorde Douglas, e contra o conselho de numerosos amigos, apresenta queixa ao Tribunal, por injúria e calúnia, contra o Marquês de Queensberry. O Marquês é detido e levado ao Tribunal e seu julgamento tem início a 3 de abril. Após várias tentativas nas quais transparece a influência exercida pela posição social privilegiada do réu, o advogado de Wilde, Sir Edward Clark, retira a acusação; o aristocrata é absolvido quase por unanimidade. Nesse mesmo dia, 5 de abril, Wilde é detido no Cadogin Hotel, para responder por crimes de natureza sexual com base nas provas reveladas no julgamento do Marquês de

Queensberry. A 6 de abril começa o primeiro dos processos contra Wilde, no Tribunal de Old Bailey. Em 11 de abril Wilde é transferido da Prisão de Bow Street para a de Holloway, como réu de crime inafiançável. Reinicia-se o julgamento em 26 de abril. Em 3 de maio, na falta de uma decisão do Júri, é concedida a liberdade sob fiança a Wilde. Seus amigos preparam-lhe a fuga para a França; ele, porém, prefere entregar-se à fatalidade. Wilde volta a comparecer ao Tribunal a 7 de maio. Posto de novo em liberdade, refugia-se em casa de seu irmão William. Em 20 de maio inicia-se a fase de revisão do processo. Cinco dias depois, respondendo afirmativamente aos oito quesitos propostos sobre a culpabilidade de Wilde, o júri dá ao juiz elementos para condená-lo à pena máxima: dois anos de prisão com trabalhos forçados. Em 27 de maio Wilde é conduzido à Prisão de Pentoville, de onde passa, dias depois, à de Wandsworth. Em maio, o ensaio *A alma do homem sob o socialismo* é publicado em livro. Em junho Wilde é declarado falido. A 13 de novembro é transferido para a Prisão de Reading, na cidade do mesmo nome, onde ficará até o final de sua amarga sentença.

1896 – Morre a mãe de Wilde, em sua residência de Londres. *Salomé* é representada em Paris, tendo Sarah Bernhardt no papel principal. Em 7 de julho, é executado na Prisão de Reading o ex-sargento Charles T. Woolridge, cuja morte inspira a Wilde a sua emocionante *Balada do cárcere de Reading*.

1897 – Ainda na prisão, Wilde escreve *De Profundis*, sua longa carta a Lorde Douglas. Cumprida sua pena, Wilde é posto em liberdade. Passa rapidamente por Londres, chega a Dieppe, na França, de onde se transfere para a aldeia de Berneval, onde aluga um chalé junto da praia. No *Daily Chronicle* de 28 de maio, aparece a primeira carta de Wilde sobre o regime penitenciário britânico, sob o título *O caso do guarda Martin*. Apesar dos esforços de seus verdadeiros amigos, une-se de novo, em Nápoles, a Lorde Douglas. Em dezembro, abandonado por Douglas, Wilde volta a Paris, onde se aloja no Hotel de Nice, da Rue des Beaux-Arts.

1898 – Publica a *Balada do cárcere de Reading* e escreve outra longa carta ao *Daily Chronicle* sobre as condições carcerárias. Falece em Gênova sua esposa, Constance May Lloyd.

1899 – Viagem de Wilde à Côte d'Azur, onde passa uma temporada, por generosidade de seu amigo, depois biógrafo, Frank Harris (cujo livro, *Oscar Wilde, sua vida e confissões* foi publicado no Brasil em 1939, em tradução de Godofredo Rangel). *A importância de ser prudente* e *Um marido ideal* são publicadas em livro. Wilde reencontra-se com Alfred Douglas.

1900 – Última viagem de Wilde à Itália, com temporada em Roma e na Sicília. Regressa a seu quarto de hotel em Paris, já muito adoentado. É operado pelo médico Tucker, seu compatriota, sem grande êxito. Em 30 de novembro Wilde entra em agonia. A chamado de seu amigo Robert Ross, o Padre Cuthbert Dunn ministra-lhe o batismo e a extrema-unção, e Wilde morre, às 9h50, vítima de meningite.

Coleção L&PM POCKET (Lançamentos mais recentes)

1057. **Pré-história** – Chris Gosden
1058. **Pintou sujeira!** – Mauricio de Sousa
1059. **Contos de Mamãe Gansa** – Charles Perrault
1060. **A interpretação dos sonhos: vol. 1** – Freud
1061. **A interpretação dos sonhos: vol. 2** – Freud
1062. **Frufru Ratapã Dolores** – Dalton Trevisan
1063. **As melhores histórias da mitologia egípcia** – Carmem Seganfredo e A.S. Franchini
1064. **Infância. Adolescência. Juventude** – Tolstói
1065. **As consolações da filosofia** – Alain de Botton
1066. **Diários de Jack Kerouac – 1947-1954**
1067. **Revolução Francesa – vol. 1** – Max Gallo
1068. **Revolução Francesa – vol. 2** – Max Gallo
1069. **O detetive Parker Pyne** – Agatha Christie
1070. **Memórias do esquecimento** – Flávio Tavares
1071. **Drogas** – Leslie Iversen
1072. **Manual de ecologia (vol.2)** – J. Lutzenberger
1073. **Como andar no labirinto** – Affonso Romano de Sant'Anna
1074. **A orquídea e o serial killer** – Juremir Machado da Silva
1075. **Amor nos tempos de fúria** – Lawrence Ferlinghetti
1076. **A aventura do pudim de Natal** – Agatha Christie
1078. **Amores que matam** – Patricia Faur
1079. **Histórias de pescador** – Mauricio de Sousa
1080. **Pedaços de um caderno manchado de vinho** – Bukowski
1081. **A ferro e fogo: tempo de solidão (vol.1)** – Josué Guimarães
1082. **A ferro e fogo: tempo de guerra (vol.2)** – Josué Guimarães
1084(17). **Desembarcando o Alzheimer** – Dr. Fernando Lucchese e Dra. Ana Hartmann
1085. **A maldição do espelho** – Agatha Christie
1086. **Uma breve história da filosofia** – Nigel Warburton
1088. **Heróis da História** – Will Durant
1089. **Concerto campestre** – L. A. de Assis Brasil
1090. **Morte nas nuvens** – Agatha Christie
1092. **Aventura em Bagdá** – Agatha Christie
1093. **O cavalo amarelo** – Agatha Christie
1094. **O método de interpretação dos sonhos** – Freud
1095. **Sonetos de amor e desamor** – Vários
1096. **120 tirinhas do Dilbert** – Scott Adams
1097. **200 fábulas de Esopo**
1098. **O curioso caso de Benjamin Button** – F. Scott Fitzgerald
1099. **Piadas para sempre: uma antologia para morrer de rir** – Visconde da Casa Verde
1100. **Hamlet (Mangá)** – Shakespeare
1101. **A arte da guerra (Mangá)** – Sun Tzu
1104. **As melhores histórias da Bíblia (vol.1)** – A. S. Franchini e Carmen Seganfredo
1105. **As melhores histórias da Bíblia (vol.2)** – A. S. Franchini e Carmen Seganfredo
1106. **Psicologia das massas e análise do eu** – Freud
1107. **Guerra Civil Espanhola** – Helen Graham
1108. **A autoestrada do sul e outras histórias** – Julio Cortázar
1109. **O mistério dos sete relógios** – Agatha Christie
1110. **Peanuts: Ninguém gosta de mim... (amor)** – Charles Schulz
1111. **Cadê o bolo?** – Mauricio de Sousa
1112. **O filósofo ignorante** – Voltaire
1113. **Totem e tabu** – Freud
1114. **Filosofia pré-socrática** – Catherine Osborne
1115. **Desejo de status** – Alain de Botton
1118. **Passageiro para Frankfurt** – Agatha Christie
1120. **Kill All Enemies** – Melvin Burgess
1121. **A morte da sra. McGinty** – Agatha Christie
1122. **Revolução Russa** – S. A. Smith
1123. **Até você, Capitu?** – Dalton Trevisan
1124. **O grande Gatsby (Mangá)** – F. S. Fitzgerald
1125. **Assim falou Zaratustra (Mangá)** – Nietzsche
1126. **Peanuts: É para isso que servem os amigos (amizade)** – Charles Schulz
1127(27). **Nietzsche** – Dorian Astor
1128. **Bidu: Hora do banho** – Mauricio de Sousa
1129. **O melhor do Macanudo Taurino** – Santiago
1130. **Radicci 30 anos** – Iotti
1131. **Show de sabores** – J.A. Pinheiro Machado
1132. **O prazer das palavras – vol. 3** – Cláudio Moreno
1133. **Morte na praia** – Agatha Christie
1134. **O fardo** – Agatha Christie
1135. **Manifesto do Partido Comunista (Mangá)** – Marx & Engels
1136. **A metamorfose (Mangá)** – Franz Kafka
1137. **Por que você não se casou... ainda** – Tracy McMillan
1138. **Textos autobiográficos** – Bukowski
1139. **A importância de ser prudente** – Oscar Wilde
1140. **Sobre a vontade na natureza** – Arthur Schopenhauer
1141. **Dilbert (8)** – Scott Adams
1142. **Entre dois amores** – Agatha Christie
1143. **Cipreste triste** – Agatha Christie
1144. **Alguém viu uma assombração?** – Mauricio de Sousa
1145. **Mandela** – Elleke Boehmer
1146. **Retrato do artista quando jovem** – James Joyce
1147. **Zadig ou o destino** – Voltaire
1148. **O contrato social (Mangá)** – J.-J. Rousseau
1149. **Garfield fenomenal** – Jim Davis
1150. **A queda da América** – Allen Ginsberg
1151. **Música na noite & outros ensaios** – Aldous Huxley
1152. **Poesias inéditas & Poemas dramáticos** – Fernando Pessoa
1153. **Peanuts: Felicidade é...** – Charles M. Schulz
1154. **Mate-me por favor** – Legs McNeil e Gillian McCain

1155. **Assassinato no Expresso Oriente** – Agatha Christie
1156. **Um punhado de centeio** – Agatha Christie
1157. **A interpretação dos sonhos (Mangá)** – Freud
1158. **Peanuts: Você não entende o sentido da vida** – Charles M. Schulz
1159. **A dinastia Rothschild** – Herbert R. Lottman
1160. **A Mansão Hollow** – Agatha Christie
1161. **Nas montanhas da loucura** – H.P. Lovecraft
1162(28). **Napoleão Bonaparte** – Pascale Fautrier
1163. **Um corpo na biblioteca** – Agatha Christie
1164. **Inovação** – Mark Dodgson e David Gann
1165. **O que toda mulher deve saber sobre os homens: a afetividade masculina** – Walter Riso
1166. **O amor está no ar** – Mauricio de Sousa
1167. **Testemunha de acusação & outras histórias** – Agatha Christie
1168. **Etiqueta de bolso** – Celia Ribeiro
1169. **Poesia reunida (volume 3)** – Affonso Romano de Sant'Anna
1170. **Emma** – Jane Austen
1171. **Que seja em segredo** – Ana Miranda
1172. **Garfield sem apetite** – Jim Davis
1173. **Garfield: Foi mal...** – Jim Davis
1174. **Os irmãos Karamázov (Mangá)** – Dostoiévski
1175. **O Pequeno Príncipe** – Antoine de Saint-Exupéry
1176. **Peanuts: Ninguém mais tem o espírito aventureiro** – Charles M. Schulz
1177. **Assim falou Zaratustra** – Nietzsche
1178. **Morte no Nilo** – Agatha Christie
1179. **Ê, soneca boa** – Mauricio de Sousa
1180. **Garfield a todo o vapor** – Jim Davis
1181. **Em busca do tempo perdido (Mangá)** – Proust
1182. **Cai o pano: o último caso de Poirot** – Agatha Christie
1183. **Livro para colorir e relaxar** – Livro 1
1184. **Para colorir sem parar**
1185. **Os elefantes não esquecem** – Agatha Christie
1186. **Teoria da relatividade** – Albert Einstein
1187. **Compêndio da psicanálise** – Freud
1188. **Visões de Gerard** – Jack Kerouac
1189. **Fim de verão** – Mohiro Kitoh
1190. **Procurando diversão** – Mauricio de Sousa
1191. **E não sobrou nenhum e outras peças** – Agatha Christie
1192. **Ansiedade** – Daniel Freeman & Jason Freeman
1193. **Garfield: pausa para o almoço** – Jim Davis
1194. **Contos do dia e da noite** – Guy de Maupassant
1195. **O melhor de Hagar 7** – Dik Browne
1196(29). **Lou Andreas-Salomé** – Dorian Astor
1197(30). **Pasolini** – René de Ceccatty
1198. **O caso do Hotel Bertram** – Agatha Christie
1199. **Crônicas de motel** – Sam Shepard
1200. **Pequena filosofia da paz interior** – Catherine Rambert
1201. **Os sertões** – Euclides da Cunha
1202. **Treze à mesa** – Agatha Christie
1203. **Bíblia** – John Riches
1204. **Anjos** – David Albert Jones
1205. **As tirinhas do Guri de Uruguaiana 1** – Jair Kobe
1206. **Entre aspas (vol.1)** – Fernando Eichenberg
1207. **Escrita** – Andrew Robinson
1208. **O spleen de Paris: pequenos poemas em prosa** – Charles Baudelaire
1209. **Satíricon** – Petrônio
1210. **O avarento** – Molière
1211. **Queimando na água, afogando-se na chama** – Bukowski
1212. **Miscelânea septuagenária: contos e poemas** – Bukowski
1213. **Que filosofar é aprender a morrer e outros ensaios** – Montaigne
1214. **Da amizade e outros ensaios** – Montaigne
1215. **O medo à espreita e outras histórias** – H.P. Lovecraft
1216. **A obra de arte na era de sua reprodutibilidade técnica** – Walter Benjamin
1217. **Sobre a liberdade** – John Stuart Mill
1218. **O segredo de Chimneys** – Agatha Christie
1219. **Morte na rua Hickory** – Agatha Christie
1220. **Ulisses (Mangá)** – James Joyce
1221. **Ateísmo** – Julian Baggini
1222. **Os melhores contos de Katherine Mansfield** – Katherine Mansfied
1223(31). **Martin Luther King** – Alain Foix
1224. **Millôr Definitivo: uma antologia de** *A Bíblia do Caos* – Millôr Fernandes
1225. **O Clube das Terças-Feiras e outras histórias** – Agatha Christie
1226. **Por que sou tão sábio** – Nietzsche
1227. **Sobre a mentira** – Platão
1228. **Sobre a leitura** *seguido do* **Depoimento de Céleste Albaret** – Proust
1229. **O homem do terno marrom** – Agatha Christie
1230(32). **Jimi Hendrix** – Franck Médioni
1231. **Amor e amizade e outras histórias** – Jane Austen
1232. **Lady Susan, Os Watson e Sanditon** – Jane Austen
1233. **Uma breve história da ciência** – William Bynum
1234. **Macunaíma: o herói sem nenhum caráter** – Mário de Andrade
1235. **A máquina do tempo** – H.G. Wells
1236. **O homem invisível** – H.G. Wells
1237. **Os 36 estratagemas: manual secreto da arte da guerra** – Anônimo
1238. **A mina de ouro e outras histórias** – Agatha Christie
1239. **Pic** – Jack Kerouac
1240. **O habitante da escuridão e outros contos** – H.P. Lovecraft
1241. **O chamado de Cthulhu e outros contos** – H.P. Lovecraft
1242. **O melhor de Meu reino por um cavalo!** – Edição de Ivan Pinheiro Machado

1243. **A guerra dos mundos** – H.G. Wells
1244. **O caso da criada perfeita e outras histórias** – Agatha Christie
1245. **Morte por afogamento e outras histórias** – Agatha Christie
1246. **Assassinato no Comitê Central** – Manuel Vázquez Montalbán
1247. **O papai é pop** – Marcos Piangers
1248. **O papai é pop 2** – Marcos Piangers
1249. **A mamãe é rock** – Ana Cardoso
1250. **Paris boêmia** – Dan Franck
1251. **Paris libertária** – Dan Franck
1252. **Paris ocupada** – Dan Franck
1253. **Uma anedota infame** – Dostoiévski
1254. **O último dia de um condenado** – Victor Hugo
1255. **Nem só de caviar vive o homem** – J.M. Simmel
1256. **Amanhã é outro dia** – J.M. Simmel
1257. **Mulherzinhas** – Louisa May Alcott
1258. **Reforma Protestante** – Peter Marshall
1259. **História econômica global** – Robert C. Allen
1260. (33).**Che Guevara** – Alain Foix
1261. **Câncer** – Nicholas James
1262. **Akhenaton** – Agatha Christie
1263. **Aforismos para a sabedoria de vida** – Arthur Schopenhauer
1264. **Uma história do mundo** – David Coimbra
1265. **Ame e não sofra** – Walter Riso
1266. **Desapegue-se!** – Walter Riso
1267. **Os Sousa: Uma família do barulho** – Mauricio de Sousa
1268. **Nico Demo: O rei da travessura** – Mauricio de Sousa
1269. **Testemunha de acusação e outras peças** – Agatha Christie
1270. (34).**Dostoiévski** – Virgil Tanase
1271. **O melhor de Hagar 8** – Dik Browne
1272. **O melhor de Hagar 9** – Dik Browne
1273. **O melhor de Hagar 10** – Dik e Chris Browne
1274. **Considerações sobre o governo representativo** – John Stuart Mill
1275. **O homem Moisés e a religião monoteísta** – Freud
1276. **Inibição, sintoma e medo** – Freud
1277. **Além do princípio de prazer** – Freud
1278. **O direito de dizer não!** – Walter Riso
1279. **A arte de ser flexível** – Walter Riso
1280. **Casados e descasados** – August Strindberg
1281. **Da Terra à Lua** – Júlio Verne
1282. **Minhas galerias e meus pintores** – Kahnweiler
1283. **A arte do romance** – Virginia Woolf
1284. **Teatro completo v. 1: As aves da noite** *seguido de* O visitante – Hilda Hilst
1285. **Teatro completo v. 2: O verdugo** *seguido de* A morte do patriarca – Hilda Hilst
1286. **Teatro completo v. 3: O rato no muro** *seguido de* Auto da barca de Camiri – Hilda Hilst
1287. **Teatro completo v. 4: A empresa** *seguido de* O novo sistema – Hilda Hilst
1288. **Sapiens: Uma breve história da humanidade** – Yuval Noah Harari
1289. **Fora de mim** – Martha Medeiros
1290. **Divã** – Martha Medeiros
1291. **Sobre a genealogia da moral: um escrito polêmico** – Nietzsche
1292. **A consciência de Zeno** – Italo Svevo
1293. **Células-tronco** – Jonathan Slack
1294. **O fim do ciúme e outros contos** – Proust
1295. **A jangada** – Júlio Verne
1296. **A ilha do dr. Moreau** – H.G. Wells
1297. **Ninho de fidalgos** – Ivan Turguêniev
1298. **Jane Eyre** – Charlotte Brontë
1299. **Sobre gatos** – Bukowski
1300. **Sobre o amor** – Bukowski
1301. **Escrever para não enlouquecer** – Bukowski
1302. **222 receitas** – J. A. Pinheiro Machado
1303. **Reinações de Narizinho** – Monteiro Lobato
1304. **O Saci** – Monteiro Lobato
1305. **Memórias da Emília** – Monteiro Lobato
1306. **O Picapau Amarelo** – Monteiro Lobato
1307. **A reforma da Natureza** – Monteiro Lobato
1308. **Fábulas** *seguido de* **Histórias diversas** – Monteiro Lobato
1309. **Aventuras de Hans Staden** – Monteiro Lobato
1310. **Peter Pan** – Monteiro Lobato
1311. **Dom Quixote das crianças** – Monteiro Lobato
1312. **O Minotauro** – Monteiro Lobato
1313. **Um quarto só seu** – Virginia Woolf
1314. **Sonetos** – Shakespeare
1315. (35).**Thoreau** – Marie Berthoumieu e Laura El Makki
1316. **Teoria da arte** – Cynthia Freeland
1317. **A arte da prudência** – Baltasar Gracián
1318. **O louco** *seguido de* Areia e espuma – Khalil Gibran
1319. **O profeta** *seguido de* **O jardim do profeta** – Khalil Gibran
1320. **Jesus, o Filho do Homem** – Khalil Gibran
1321. **A luta** – Norman Mailer
1322. **Sobre o sofrimento do mundo e outros ensaios** – Schopenhauer
1323. **Epidemiologia** – Rodolfo Saracci
1324. **Japão moderno** – Christopher Goto-Jones
1325. **A arte da meditação** – Matthieu Ricard
1326. **O adversário secreto** – Agatha Christie
1327. **Pollyanna** – Eleanor H. Porter
1328. **Espelhos** – Eduardo Galeano
1329. **A Vênus das peles** – Sacher-Masoch
1330. **O 18 de brumário de Luís Bonaparte** – Karl Marx
1331. **Um jogo para os vivos** – Patricia Highsmith
1332. **A tristeza pode esperar** – J.J. Camargo
1333. **Vinte poemas de amor e uma canção desesperada** – Pablo Neruda
1334. **Judaísmo** – Norman Solomon
1335. **Esquizofrenia** – Christopher Frith & Eve Johnstone
1336. **Seis personagens em busca de um autor** – Luigi Pirandello

lepmeditores
www.lpm.com.br
o site que conta tudo

IMPRESSÃO:

PALLOTTI
GRÁFICA

Santa Maria - RS | Fone: (55) 3220.4500
www.graficapallotti.com.br